做一個
情緒自由的人

保持職場清醒、識趣、減少做事干擾，
成為人生順利組

盧文建 & 彭振桓——著

目錄
Contents

第三章 語言：情商高，就是會說話

目錄
Contents

第六章　策略：如何管理個人戰略

第一章

認知：調整逆境中的行為和情緒回應

一 你對情緒的認知，決定了你的生活高度 一

工作有時候是簡單的，但職場永遠不簡單。

有的人是為了愛好而工作，有的人是為了收入而工作，有的人是為了某種使命而工作，而有的人只是覺得這份工作能夠發揮自己的長處。不論哪一種情況占主導，你都需要面對職場。既然是一個「場子」，就說明了兩個問題：

第一，在這個「場子」裡，有多個人共同工作。

社會發展到如今，分工是越來越細緻了，有人專門生產螺絲，有人專門採購螺母，還有人專門研究怎麼把螺絲和螺母擰在一起……人多了固然熱鬧，但有時候也會壞事。「人多力量大」的道理雖然沒錯，可這力量能有多大，還是要看具體情況。更重要的是，不能讓這個力量傷到你。畢竟人多也意味著你要和不同性格、不同角色的人打交道。

有多少個人，就有多少種思想。人多了，事情就複雜了，做事的難度自然加大，雖然如此，但你總不能永遠只躲在自己的格子間裡。

第二，你們會相互影響。

關於這種相互影響，在物理領域，科學家們早就針對「場」做出了結論，你會對這個「場」產生影響，這個「場」也會給你施加某種影響。這種感覺就像漣漪一樣，我們每個人都是一艘船，水面的某個地方激起的波紋，會影響到我們每一艘船，而你的起起伏伏，也會影響到其他人。而且這種影響會形成一條漫長的「故事線」，至於是悲劇還是喜劇，就要看每個人的「修為」了。

所謂的「職場心理」，並非單純的心理學研究，更包括自我認知、情緒管理、語言分析、行為指導、角色調用、應激處理，等等……雖然看似複雜，但最終的目的只有一個——就是讓你工作順利、舒服。

01 事情不會讓一個人崩潰，但情緒會

先說兩件事：

第一件事，二〇一九年的3月底，在浙江杭州文一路文菁路口，有一個年輕人騎單車逆行。被交警攔下後，他打電話給女朋友說：「我逆行騎車被抓了，現在走不了，你在那兒等我吧。」這個電話打完，他就崩潰了。

摔手機、下跪、痛哭、狂奔，甚至有輕生的行為……整個過程他沒有說出一句髒話，滿口都是「對不起」、「我壓力好大」、「大家還在等我加班」，這個壓抑至死都遵守禮貌的小夥子，這個背負無數壓力和委屈一直無法吐露的職場年輕人，用一次歇斯底里的崩潰，讓無數身處職場的網友哭了。

我們動容的原因，大概是某種程度的自我映射。一位網友這樣評論：「像極了無數個懂事到連哭都要在無人的夜晚裡捂住嘴巴怕人聽見的你我。」

第二件事在南京新街口地鐵站，晚上10點多，一位醉酒的西裝革履的男子一直趴在地上不起，身邊到處都是嘔吐物，路過的人幫忙叫了員警。員警過來後，該男子意識還保持著清醒，他告訴員警自己已經叫了妻子，很快會來接他，過程中還不斷向員警道歉：「對不起，打擾你們了。」

在後續聊天中得知：這位男子今年只有25歲，外地人，初入職場打拚。雖然他很不喜歡應酬，但由於自己是做銷售的，為了讓客戶簽單，還是只能陪他們喝酒。等到他的妻子來之後，暖心地抱著男子在地上安慰他。

這時候，男子說出了一句很多男人最不肯說出的一句話：「我感覺自己，真的沒用。」

在這個職場裡，其實有太多這樣「努力而傷心的人」。在悲傷憐憫之餘，我們不妨捫心自問——難道我們自己的職場，就那麼輕鬆順利嗎？相信有相當一部分的答案會是否定的，因為職場本來就是殘酷的。有時候，甚至會讓人感覺自己在原始叢林裡搏殺。如果你肯卸掉那些溫柔的表面現象，從客觀的角度審視一番的話，你就會發現，職場就是一個「動物世界」。

02

情緒發自內心，但你知道「心」在哪裡嗎？

《三國演義》中，諸葛亮即將南征蠻王孟獲，在和前來犒軍的馬謖聊天時，當時腦子還很清醒的馬謖跟諸葛亮說了一句話：

「夫用兵之道，攻心為上，攻城為下；心戰為上，兵戰為下。願丞相但服其心是矣。」

這句源自於《孫子兵法》的至理名言，最終幫助諸葛亮徹底搞定了南方問題，被諸葛丞相「心理征服」的孟獲及其部下，從此再也沒有給蜀國製造麻煩，沒有了後顧之憂的蜀國，才可以放心地對北方曹魏用兵。

思維決定行為，人心穩固才是最根本的踏實，戰場上是這個道理，職場上也一樣。所以，決定你的未來的不是那些厚厚的技術指導資料，也不是連篇累牘的合約和法律章程，更不是紙上來回變動的統計資料，雖然這些也很重要，但都是表面化、結論化的東西，真正的「控場因素」是職場心理。那些在職場上會做事的人，首先是「攻心」的高手。

那麼，職場心理學又是什麼呢？它是不是那種非常複雜艱深的科學體系？或者說僅僅只是個欺騙職場新人的「偽科學名詞」？

在我看來，都不是。關於職場心理學，一直以來都有著諸多爭議和含糊不清的術語，這些現象的存在，既無法改變職場心理學客觀存在的事實，也對期待職場心理學拯救的人士毫無意義。雖然我們沒有辦法重新定義職場，但是我們可以重新定義心理學。

職場心理學源自心理學，但又和純粹的心理學有很大的不同。作為長期研究和關注心理學的人，我們必須承認：目前的心理學流派眾多，也有關於腦科學的很多基礎分支，雖然有大量的科學化推理結論，但還遠沒有達到類似於數學物理化學那樣的統一化程度，甚至很多現象的結論，尚處於「半夢半醒」的朦朧狀態。

那麼，涉及眾多領域的職場心理學，到底是不是科學？甚至有人說職場心理學就是玄學，對於這一點，我們應該如何看待呢？

科學是已經明確的結論，玄學是未解之謎。隨著人認知的不斷深入，很多玄學會被證實或推翻，所以兩者不是隔絕的，是可以相互轉化的。眼前重要的事情，無需花大精力去爭論誰是誰非，就像當年的胡適先生在問題與主義之爭中說的那樣——「少談些主義，多談些實事」。

03

讓你與眾不同的3個認知升級

既然職場是「場」，那麼首先，一定先弄清楚「場」的含義。

有的人混了一輩子職場，但是似乎長進不大，在為人處世方面，有時候甚至還不如年輕職員。為什麼經年累月的資歷沒能換來真正的實力，是什麼阻礙了一個員工提高職場綜合水準呢？經過一番將心比心的回憶，我回想起自己為了學英語而苦苦掙扎的中學歲月——那時候，我每天一大早就起來背單詞，錯題本搞了三四本，按理說花的時間並不少，但結果還是常年穩居全班倒數第二。

這段近乎灰色的學習歲月，是不是像極了那些混跡幾十年卻依然沒什麼長進的職場人士？大力未必出奇蹟，如果沒有良好的方法，或者帶著一些誤解去經歷，「大力出悲劇」都是有可能的。如果你覺得職場只不過是一個幹活、拿錢不斷循環的地方，我估計你提升的效率不可能太高，因為這樣的理解實在過於粗糙，很難從職場經歷中提取到更有價值的收穫和思考。

說回到我的學習回憶，後來在一位老師長期地點撥下，我開始從語言的定義和本質去看待英語。慢慢地，對於英語的恐懼感和怪異感就消失了，我明顯能感覺到自己開始有了更多的進步，不論是背單詞還是做題目，自己都更加像一個「明白人」。

學英語是如此，混職場也一樣。搞清楚定義非常重要，這就好比我們玩遊戲的時候能夠開一張「上帝視角」的地圖。借這個機會，我也想借用物理學裡的一些概念，去定義職場的這個「場」。

第一，「場」有自己的「內界」與「外界」。

用術語肯定不利於大家理解，我們不妨就用「認老鄉」這件事情來打比方好了——如果說我出生在一個小縣城中，我在自己老家遇到了一個出生在本省另一個縣城的人，那麼這個人肯定就不是我的老鄉，他就是外地人。但是如果你和他在異國他鄉相遇，不用我多說——你們這個時候彼此的感覺肯定就是老鄉嘛。所以說，群體的概念是根據實際環境的不斷變化而重新定義的。當你和他之間在當下的環境中有足夠多的差異的時候，就可以認為彼此並不是處於同一個「場」——這個時候，「場」的界限就橫在你們兩人之間，彷彿一個柵欄。而如果是在一個更加陌生、更加怪異、更加需要一致對外的環境之中，那麼你和他此時就是以共同情感和利益為主了（比如說周圍的人都說英語，而你們彼此可以用漢語交流），那這個時候我們就同屬於一個「場」，也就是說，「場」的柵欄把你們倆包圍在了一起。

怎樣去定義「你們」、「我們」和「他們」，從而找清楚這根「柵欄」呢？「你們」、「我們」、「他們」，這三個詞聽上去似乎是非常普通的詞彙，但這三個詞在職場中，常常代表著很多的訊息。在各種工作環境中，如何區分自己所在的群體、如何區分對方所在的群體，又如何去努力營造一種團結統一的感覺？再或者說，如何在適當的時候給對方製造一種隔閡感，這都是一個非常重要的工作。分清了「你們、我們和他們」，你就不容易在做事情的時候產生猶豫和迷茫。

舉一個小例子：有一些領導或者是職場老手，經常會在拜訪其他公司的時候，稱呼對方公司為「咱們公司」。

實際上這個發言者並不屬於這個公司，但是他透過「咱們」這種第一人稱群體的表述，就能在情感上拉近自己和對方公司之間的距離，讓聽的人更容易接受發言內容。在職場中，這種距離的塑造，不僅僅適用於增強彼此之間的關係，也能有利於劃清界限、保護自己。

想要明確哪些人是「我們」，首先要把自己陣營的群體的概念搞清楚，對面的人，也就是「你們」了。當然了，在不同的時刻，「自己人」的定義肯定也不一樣。比如說在同一個公司的不同部門之間，有時候就不都是「我們」。

在部門與部門之間進行交流的時候，如果你想向對方明確彼此部門之間的不同，那麼你稱呼對方的部門時，就應該用「你們」，而不是「我們」。此時，如果你想跟你的部門領導表達一些對其他部門的不滿或者委屈，那這個時候你在形容自己部門的時候，就要明確是「我們」。

在我們明確了誰是「我們」，誰是「你們」之後，「他們」這個概念才出現。往往「他們」這個概念出現的時候，是指你我兩個群體，共同對協力廠商去形成一些評價或表述。

在講到「他們」的時候，我們是站在一個旁觀者的角度去表達或傳達一些資訊的。比如說「向他們學習」，或者說「他們這些人做事不是特別的標準」等等，類似這種的風格都可以看到：第一，「他們」的用詞表示被你提到的這個群體或者這個人並沒有出現在交流的這個環境之中，也就是說，被提到的人是聽不到的；第二點是說在表達的時候，這個群體是游離於你和交流物件之外的。

搞清楚了「你們」、「我們」、「他們」這三個概念，我們對於職場「柵欄」的區域感，就基本建立起來了。

第二，「場」有變化，也有相對穩定性。

前面提到了很多，就是說「場」的範圍可以變來變去，這個「柵欄」是隨時可以被搬動的。但是，我們更多的時候還是處於一個相對穩定的人際關係裡。那這裡面的學問，就不僅僅是前面稱呼的切換那麼簡單了——關鍵是在你的內心，你得清楚自己所處的這個社交的環境中，大概有怎樣的一個穩定的群體？

有些領導經常批評下屬，說有些人「找不清自己的定位」，這話是什麼意思呢？就是因為有的人沒有很好地搞清楚自己的相對穩定的群體，通俗來說，就是「不知道自己層級高低」、「分不清敵我友」。

雖然工作證上表明了自己的部門和職位，但是有人的地方就有江湖，這裡所謂的「江湖」就可以理解為各種「場」，在具體的小團體或者說小組之中，如果沒有很好地進行定位，就會在人際關係方面犯錯。

面對「場」的多變性，如果我們只是說一句「以不變應萬變」，好像有點太偷懶了。對於絕大部分的職場新手而言，這種話並不能起到很好的實際指導作用，還有可能會誤導人。職場的相對穩定性是建立在工作的穩定性和人際關係的穩定性之上的。如果你在一個職場環境裡已經待了超過一年，那麼這個穩定性就可以比較容易地建立起來，反過來說，如果你是剛剛到了一個新的公司，或者說剛剛調換了一個新的職位，那麼這個時候請不要濫用所謂的「職場穩定性」，此時你的任務是建立穩定性。

固然有的地方氣氛友好，有的地方氣氛不太友好，但穩定與否不僅僅看客觀環境，還需要看你為此做出了什麼工作。良好的職場穩定狀態，是你本人和周圍這個小環境相互磨合、妥協的一個結果。每個人的個性，都有被他人容易接受的地方，也有會令他人感到不舒服的地方。不僅僅是個性，某一個具體的小行為也一樣，當你的行為方式能夠不傷害、不破壞這個「場」的和諧時，你就可以比較輕鬆而愉快地面對工作和人際關係了。不過，這種彼此融合並不是每個人都能實現的，在持續的抵觸和衝突下，失敗的案例也是比比皆是。

第三，不妨想一下「場」內的同與不同。

前兩年，「引力波」和「引力場」這兩個詞彙非常流行，接下來我們將繼續用這些科學的概念來打比方。跟大家闡述一下什麼是場內的同與不同。在一個場中，只是規定了大家所處的氛圍是基本一致的。但這裡面的每一個個體肯定都不一樣。這就是場內最基本的不同。

那接下來呢，幾個人的小群體再往下分，也可能有更多的詳細情況。在這裡面，你不可能帶著一個單一的思維去面對它。

在職場中的我們，一方面是做好本職工作——畢竟工作還是要比拚成績的，我們經營好人際關係，也是為了創造更好的業績；另一方面，瞭解基本的人際關係也是非常必要的。

在這裡還想多說一句，就是我們在處理這些複雜的人際關係的時候，也不一定非要把自己放在某一個團體的上面（就是說，你不一定要「站隊」），雖然我們經常說「站隊」是一種混社會的藝術，但有時候盲目地去搞這個行為也會害了一個人。更多的時候還是要分析：站隊是不是我必須要採取的一個選擇？這個隊，我值不值得站？這個隊的方方面面背後有哪些合理的東西？或者說如果我覺得這個隊伍它本身就很不合理，早晚要出問題的話，那我可以提前保持距離，只進行有限的接觸，就如同保持一種遙遠的吸引力。遇到了有嚴重問題的隊伍，聰明的「星球」會避免兩者之間靠得太緊，因為如果靠得太近的話，可能就會導致玉石俱焚的災難。

以前我有一個挺有意思的習慣，就是總喜歡在一個團隊中以旁觀者的身分去觀察。我會看這個團隊中不同人的性格色彩、行為方式，以及他們彼此之間互動的細節。經過這些觀察，我發現，每個人與其他人之間相處的方式都是千差萬別的，這很難透過一個單一的模式，或者說類似於一個普遍化的公式進行粗暴的概括。

在職場中，那些段位比較高的老手往往能夠很快地針對不同的情況而採取不同的微調修正策略，把自己原有的風格進行優化。這就是古人說的「良將用兵若良醫療病，病萬變，藥亦萬變」。然而，本書的大部分讀者肯定還是初入職場的年輕人啊。那在這種情況下，我們怎樣盡快去搞定這個場呢？事情不是一蹴而就的，這裡給你三部曲——適應、使用、駕馭。

玩轉職場三部曲：

第一步，適應「場」。

適應的第一步並不是做什麼動作說什麼話，而是觀察。只有反覆觀察，才能得到更貼近實際情況的結果。觀察的方法，並沒有具體的定式。因為不同種類的工作，不同地區的文化之間的差別實在是太大了。但是，從心理學的角度分析，也的確有幾個共同的細節，可以作為你快速開展有效觀察的方法。

第一點，我們要觀察大家互動的頻率。

在一個團隊或者部門中，大家互相之間語言和行為交互非常多的時候，這個場往往就是處於一種相對有序而穩定的狀態。請注意，這裡是有例外情況的——如果這個場是一個剛剛成立的部門或者團隊，那麼就並不適用於這種情況，因為陌生人在彼此剛剛相遇的時候，可能會有超乎常規的更多的交流和互動。基於互動頻率的觀察，起碼得是一個彼此都基本熟絡的團隊。

第二，觀察的細節角度。

就是這個場在一天中共同維持的存在「持久度」，或者說每一天自我保持不解散的能力。最好的例子就是看下班之後——畢竟在上班的時候，某一個部門或者組織肯定多多少少是「被迫」要待在一起的，你並不能很好地看到這個團隊或組織的凝聚力。但是到了下班時間，大部分的客觀約束作用不存在了，主觀的心理作用就能夠水落石出了。

離開辦公室或者工作場所之後，如果大家彼此各顧各的，線上線下也沒什麼交流，那這個時候我們可以很放心地說：這個場子的凝聚力相對一般。而如果說大家在下班之後還能夠自發地去進行一些聚會、聚餐甚至自願加班，那就可以推斷這個場的凝聚力是比較強的。我記得一位老演員說過：「如果拍戲開工的時候，我想到了收工回家，那麼我這次拍出來的肯定是爛片。」類似的道理也可以用來評價場的凝聚力。

第三個有趣的觀察的角度是，你不妨來看一下這個場內有沒有一個核心式的人物，就像引力場或者重力場的「中心天體」一樣。我們舉個例子，用太陽系來打比方。

在太陽系中，太陽就是占絕對支配的一個地位，它的個頭最大、品質最大，而且作用範圍最遠。

太陽系裡的各個星球都是在太陽的引力約束下進行運動的，然後彼此再透過自己的小引力場去俘獲或者管理自己的衛星和附屬天體。當然了，在有些星系中，也可能伴隨著多個核心（例如互繞對方的雙星系統），甚至說是沒有核心。這就是我們所謂的一種「群龍無首」的狀態。

通常來說，沒有核心的團隊是容易解散的，但事情也不絕對，如果在這種情況下，團隊還能夠穩定地存在的話，那很可能就是有多方面的權力進行制約平衡，這種場子裡面的套路就很深了——多權力制約平衡的地方，往往對職場新人不是那麼友好，容易犯錯誤、摔跟頭。

如果你一開始身處這種多核心的職場環境之中的話，要格外的謹慎，要多動腦子，實在待不下去了，可以考慮退出。沒錯，如果實在無法完成適應，退出也是一種選擇。

在觀察好之後，如果你得出了某個結論，那麼恭喜閣下！不過，我們的事情並沒有結束，因為我們觀察的根本目的並不是當一個分析師或者研究人員，我們還是為了去適應這個「場」。當你明確了這個「場」的核心是某一位領導或者某一位員工的話，你更多的是要跟這個核心去進行接觸，去完成這種彼此的適應，去構建彼此的心理舒適區。

這裡面並不是說需要一味地去討好對方，你更多的目的是給他建立一個綜合印象，讓他能夠認識並逐漸接受你的風格，同時相應地，你也要認識並逐漸接受他的風格。這個時候你作為一個「行星」，和這個「太陽」之間的相對穩定的運動關係，就基本建立了。

當然了，你不僅僅是要跟這個領導或者某幾個核心保持良好的互動，你還要記得你的那些同層級的「行星」兄弟姊妹們。你們之間的運行如何不相撞？如何保護好彼此的利益？如何在各自的工作職位上產生一些回避和互動的效果？這也是你適應場要做的一件事情。

適應的目的，是為了能夠輕鬆、愉快而又長期的工作。在經歷了以上的分析和適應之後，你就可以正常地開展工作了，這也就是我們說的你完成了融入。這是我們職場中關於「場」的第一個段位。

第二步，使用「場」。

所謂的使用，就是指我們可以利用這個場的一些特性，去提高自己的效率、增加自己的業績、提升自己的工作評價。當然，也不要忘記，使用是以適應「場」作為基礎的。那對「場」的使用呢，我的結論是：首先就是要明確核心的作用。如果你是地球，當你面對太陽的時候，你一方面要受到太陽引力的制約，但是另外一方面，太陽提供的引力場也給了你很多的保護——它會把一些空間中漂浮的其他的一些塵埃、小行星給吸走或者是排斥出去，從而來給整個太陽系提供一個相對安全的空間。

很多人一提到使用這個詞就不舒服，總覺得是在出賣集體、損公肥私，但那是惡意利用，不是正常使用，如果你總帶著這樣的誤解，恐怕很難做好群體性的工作。所謂對於場的使用，是一個趨利避害的過程，每個人的工作都會受到一定的限制，但是正如同前面對太陽的評價，這份限制其實也是對每一個人的保護。我比較反對在職場中推行所謂的絕對自由，因為絕對的自由也往往意味著絕對的沒有保護。如果每一個領導都不負責任的話，那麼，每個領導固然不會給你造成什麼干預或者管控，但同時你可能要面臨所有的質疑和風險。這個時候對職場新人來說，肯定是很不利的。

對於場的使用，還有一點非常重要的就是，要善用「我們」的力量。在前面已經提到了我們在「場」中可以用「柵欄」的移動來劃界，那麼有了「界」，就可以明確「我們」這個概念。在對其他部門乃至對於外界進行一些交互工作的時候，你不光要從口頭中提到你所在的這個「我們」，還得想辦法透過行為讓對方感覺到——你的確是代表著這個「場」。就能讓別人覺得，你不是一個孤立的個體，而是一堆人來和他進行對話、交流的。所以這個時候，他就不僅僅要考慮你本人，他還要照顧到你背後所在的這個部門、這個整體的利益，此時你說話做事，不但更舒服，而且目的明確，效率更高。這種感覺，就像一個欽差大臣一樣，你代表的是一個集體，所以你可以獲得整個集體的力量。

第三步，駕馭「場」。

你可以簡單地把它理解為：成為這個「場」的領導，成為這個星系的「太陽」。不過呢，高手駕馭場可不一定非得當核心人物的，他可能在裡面只是一個輔助或者融合的角色，然後也一樣可以完成駕馭。

就是說，你可以當這個團隊的老大，這是駕馭「場」的最明顯的一種方式。同時，你也可以當這個團隊的不可或缺的「參謀長」、「團結者」，也可以完成對「場」的駕馭。我們可以借鑑一下某些部門，很多部門的正職可能會因為領導的更迭而反覆更換，但是這些部門裡面常駐的副職卻可以穩定地存在很多年，而且很多工作都是依賴於這個副職完成的。能不能駕馭「場」，不是嘴上表達，還是得看實際效果。

在我的主張中，承認對「場」的駕馭有以下幾個標準：

這個「場」裡面的每一個個體，都足夠尊重而且認同你。也就是說，在一個星系裡各個星球都會不侵犯你，而且這些星球還會主動幫你做一些輔助性的工作。

一旦你自身發生了一些改變，就可以引起整個「場」的改變。比如說，當你某一天狀態不好的時候，大家都會來問你，會來關心你是否出現了什麼情況，同時他們還能夠根據你的變化，做出一些反應，從而配合你或者說給你起到一個彌補的作用。

就是這個「場」得離不開你。我們經常會講「每個工作職位都是獨一無二的」、「每個你都是最不可取代的」。但事實並不是這樣。在講到職業競爭力的時候，我們強調的是你對這個集體的不可或缺性。這個屬性是非常重要的一條護身符，也是能否駕馭「場」的關鍵。

剖析角色心理，制訂最優策略

設想一下：正在陌生城市開車或者步行的你，盯著眼前的導航軟體，略帶緊張地前行著，這時候如果手機的定位功能突然失靈，你將會陷入怎樣的窘迫？接下來的路該怎麼走？我現在究竟在哪裡，目的地又在哪裡？

這些手忙腳亂的問題，都源自「位置」的丟失。

足球賽、籃球賽等諸多賽事開始前，主持人介紹雙方隊員的時候，都不會忘記通報他們每個人的位置。「位置」這個資訊，決定了這些球員將會在比賽中扮演怎樣的角色，同時又要和對方球隊裡的哪一位「捉對廝殺」，所以，哪怕是可以隨意切換身分的全能型的球員，也會在比賽中有一個明確的位置。

工作，也是一樣的道理，只要是涉及多個人的工作，其中的每一個人一定都有其各自的「位置」。這種位置的界定，遠比體育賽場上的位置要複雜得多，但卻又像你的手機定位一樣，決定著你今後在職場中的一言一行會不會「誤入歧途」。所以，明確自己的位置，很有必要。

你也許會聽到領導或者同事對你說這麼一句話：「請找準自己的位置」，當這句話出來的時候，意味著什麼呢？

顯然，這意味著你需要好好修復一下自己的「定位功能」了，如果這個功能出了錯誤，你在處理各種關係的時候，就會「東倒西歪」，惹來諸多麻煩和非議。很多人明明很努力，但最終卻鬧了個眾叛親離的下場，多半就是定位出錯惹的禍。

在職場之中，有很多隱性的規則，就如同前文所說，我們職場裡的種種關係，就彷彿生物世界裡的「食物鏈」一樣，一個人究竟會面對怎樣的機遇和威脅，就要看那個人處於這個「食物鏈」的哪個位置。

身處群體中的工作者，在位置定位方面最經典的困惑就是：結伴還是獨行。比如說你發現了一個非常有價值又有一定風險的項目，到底做還是不做，是自己去做還是叫同事一起做，單獨做了會不會成為「出頭鳥」，叫上大家又會不會成為那個把集體「拖下水」的罪魁禍首？類似的種種問題，都需要事先結合我們的「定位」

去分析。

只要明確了定位，就可以透過你和同事們對應的角色心理，找到那個最適合你的做事策略。

定位的第一步，是明確你周邊的區域。我們常說「物以類聚，人以群分」，然而，在同一間辦公室裡的同事們，很可能並非是這樣的志同道合者。如果你運氣足夠好，與身邊的同伴秉持著相似的目標和一致的價值觀，而且你們所做的事情本身也具有較高的價值，那麼我相信你們做事情的方法一定也不會太差（雖然處事方式可能各不相同）。

只要和各位同事說清楚事情的利弊，然後自然會有一個集體建議和決策，決策之後就只管放手去嘗試好了。

在這種情況下，你只需要分析目標本身，如果自己的能力基本可以搞定，而好處又足夠多，那麼自己動手也未嘗不可。反之，如果你對於事情的風險非常畏懼，則不妨動員隊友們一起加入進來，大家相互照應，集思廣益，可以大大降低「出事」的風險。

反之，如果大家彼此都只是為了混個生活才聚集到一起，每個人對於前途的看法各不相同，也談不上什麼共同目標、世界觀，那麼各個角色就會對他人的行事方式高度敏感。此時，不犯錯比冒險更明智。哪怕是你咬定了此事值得，最好還是不動聲色地去做，這樣不論成敗，都避免了很多閒言碎語，甚至是干擾阻撓。

實際上，那些具有生命力和成長性的團隊，往往都有較高的包容度，而那些喜歡「槍打出頭鳥」的人，反倒是弱者角色的體現。為什麼這麼說？因為「綿羊才害怕掉隊」。一個處於職場「食物鏈」下游的人，就好比是弱小的綿羊，它們整天警惕著天敵和自然法則的「淘汰利劍」，「大家做事都差不多」的局面最能給它帶來安全感，當狼群發動攻擊的時候，綿羊們紛紛逃竄，只要自己不成為最後一個，那麼被吃掉的就不會是自己。

反過來說，如果身邊的綿羊夥伴們紛紛加速奔跑，自己很可能就離後面的狼群不遠了。所以，處於弱者角色的人，會對周圍卓越的同伴容易產生嫉妒心理。換言之，如果你們是一群嗷嗷叫的野狼，大家都緊盯著眼前的獵物，自然沒有太多的想法，每個人要做的，無非就是盡力往前奔跑罷了。

提及職場角色，就必須要說一下「刻板印象」這個心理學現象。這種現象是指對某個群體產生出一種固定不變的、習慣性的看法和評價。例如，對員工的身分背景、學歷能力有一個固定且籠統的看法，就很容易造成我們無法將人才匹配在合適的職位之中。所以，大家都應該努力打造好自己最初的職場角色。

同時，如果你善於觀察一個人的職場行為，那麼我強烈推薦你去推敲對方的角色定位。

從一個人在職場中做出行為的方法和態度，往往就能確定這個人在職場鏈條中的位置。同樣一句話，出現在那些高居頂端的領導口中和下游「蝦兵蟹將」的口中，會有完全不同的氣場和含義，即便你初入職場，也不難從中發現端倪。

關注「場外」與「場際」

很多職場行為的研究和指導手冊，更多地是講某個場的內部，本書作為不一樣的一本職場心理指南，還要說得全面一些，也要提及一下職場的外部。

這裡給出幾點小建議，文字很簡單，大家不妨順著此前的思路，進行思考和延伸：

1. 面對「場」外人士，我們應當尊卑有度。
2. 防人之心不可無，但又要體現出禮貌和大度。
3. 每個集體都有自己的集體榮譽感，我們不可輕易踐踏，寧可否定對面的個人，也別輕易否定對面的群體。
4. 沒有永恆的朋友，也沒有永恆的敵人，凡事不要覺得一蹴而就，也不可能畢其功於一役。
5. 有的人，看似站在對方的「場」內，但實際立場可能不同。
6. 獨立的人，和身處於某個「場」的人，可以表現出不同的狀態和利益關切。
7. 維護自己的「場」，任何時候，都很有必要。

第二章

情緒：別讓情緒掌控你的人生

情緒一片空白，人生就會一片空白

我們總會有這樣的體驗——同樣一件工作、同樣一個任務，為什麼這一天做的時候就順風順水，而其他時間做起來就各種出錯呢？

人，總歸是有情緒的動物。我們的情緒有高潮，也會有低谷，有時它會給你提供無形的幫助，有時它也會把一切搞砸。行走職場的頂尖人士，大多是瞭解和掌控情緒的高手——他們不但能夠管理好自己的情緒，甚至還能根據對方的情緒去配合同事或者打擊對手。《亮劍》裡的李雲龍，靠簡簡單單幾句話就把整個隊伍的戰鬥力抬到頂峰。

我們當然不鼓勵打打殺殺，但自我保護總是必要的。你不用，但不代表別人不用，什麼才是最好的防禦辦法呢？就是讓對手知道「這事兒我也很厲害，所以你別打我的主意」。

實際上，合理利用情緒來面對工作，也是職場中不可缺少的一項技能。想要成為駕馭情緒的高手，並不是那麼容易的事情，但這絕對值得你去為之努力。這些技能需要從哪裡著手「修練」呢？在這裡給出三個非常有意義的問題：

1. 情緒，究竟對我們的工作有著怎樣的意義？
2. 在不同情況下，我們的情緒為何會有如此大的區別？
3. 我們應當怎樣去掌控情緒？怎樣避免被情緒「綁架」？搞清楚了這三個問題，情緒就是那個每天為你保駕護航的天使，而非惹是生非的魔鬼。

我們常常提及的「情商」，全稱就是「情緒商數」。資深情商研究專家、哈佛大學博士高曼，將情商定義為五個方面的能力：認識自身情緒的能力、妥善管理情緒的能力、自我激勵的能力、認識他人情緒的能力與管理人際關係的能力。

綜上所述，不難發現，情商絕不是簡單的懂得討某些人的歡心，也不僅僅是懂得照顧他人的情緒，情商的第一優先順序絕對是培養良好自我的覺知。

高曼教授與波雅齊斯以及安妮瑪琪等學者合著的《打造新領導人》一書中，他們闡釋了一個觀點：在職場的最高層次，領導力的競爭力模式體系裡（包含以情商為基礎的各項能力），情緒管理能力對個人競爭力的貢獻率在80%～100%。一家專注於執行力分析的國際研究公司的研究主管指出：「CEO們被聘用和賞識，通常是因為智力和商業才能，而他們遭遇解聘卻多是因為缺乏情商。」

這也充分表述了一種可能性：不僅僅是職場小菜鳥需要關注情商，當你修練成「老兵」後依然要關注這一方面，在頂層的「決鬥」中，智商和技術能力指標的重要性並沒有你想像的那麼大，一切拚的還是「心法」。

情緒對於工作的意義，通俗地說就是：「在工作中，你的能力是肉體，而情緒是衣服。」

第一，我們的工作能力在短時間內很難快速改變，但情緒是比較容易改變的。

第二，情緒色彩就好比是衣服的色彩，可以顯著地讓其他人看到你現在的狀況。

第三，好的情緒可以為你遮羞避寒，並能適當掩蓋你的缺點，放大你的優點，進而提升你的整體形象。而壞的情緒，則會讓你顯得狼狽、低劣甚至不可理喻。

世界上絕大多數處於行業較高層級的人士，對著裝都有著較高的追求，他們希望自己的著裝能夠讓對方感到專業、可靠，為工作帶來良好的環境設定。

實際上，情緒在工作中，基本作用也是如此——如果你常常情緒高昂，可以讓對方感覺到你散發出來的那種激情溫度；如果你常常情緒低落，同事們就會盡可能和你保持距離（對手可能會趁機發起進攻）；如果你的情緒飄忽不定，就會讓人有一種捉摸不透的感覺（如果你恰好是個新手，很可能會因此得到「不夠成熟」的評價，而情緒多變的「老人」就會讓下級感到費神和警惕）。

人的情緒有高點有低點，這是常態，但是，那些善於調整自己情緒的人，在懂行的人看來，評價一定是兩個字——高手！

所以，作為我們「衣服」的職場情緒，會參與你職場形象的塑造，究竟是聽之任之，還是精心設計，效果不言自明。

說到這裡，大部人肯定會有相同的問題——我知道自己的情緒有這種作用，但情緒這件事很難搞清楚，我怎麼可能像天氣預報一樣，去推測自己今後的情緒會是怎麼樣的呢？

其實情緒這個東西並沒那麼難，有一個原理就能夠說明我們的情緒為什麼會變成這個樣子。

情緒並非是一個獨立的狀態，它常常和心情、性格、目的、外界環境等因素互相作用，並且會受到荷爾蒙和神經遞質影響。情緒的產生是需要人的內部生理因素和外部客觀因素共同作用的，並且最終由人的意識去觸發。儘管一些情緒引發的行為看上去沒有經過思考，但實際上，意識是產生情緒的重要一環。

在潛在的意識之中，我們的情緒更懂得我們想要什麼。情緒，是你的大腦根據眼前的情況做出的一個「調整指令」，它希望你能夠做出最合理的舉動，去配合眼前的情況。

所以從直觀上來看，我們是施加情緒的人，但實際上，我們只不過是被情緒牽著鼻子走罷了。

簡而言之，情緒就如同一個噴嚏，當你受到外部的刺激時，身體會根據自己的習慣給出一系列信號，然後，你就——啊嚏！

瞭解了這個原理，我們繼續說說怎麼防止被情緒綁架，怎樣成為一個能夠掌控自己情緒的人。

提及情緒對於工作的意義，每個人都能講得頭頭是道，但深層的邏輯你真的清楚嗎？情緒好的時候做事情一定會更棒嗎？情緒糟糕的時候就不適合工作嗎？

大量的打臉案例告訴我們，情況完全不是這樣。有時候我們說「哀兵必勝」，有時候我們又會發現乘勝追擊更好，所以關於情緒並不能下一個簡單結論。

在心理學領域，情緒被描述為「針對內部或外部的重要事件所產生的突發反應」，同一個人對同一個事件，總是有同樣的反應（也就是說，你自己並沒有想像中的那麼難以捉摸）。

如果你想要預測自己的情緒，最直接的方法就是，觀察和總結自己之前面對同類情況時候的反應和體會，因為這樣的現象，會在下一次發生類似情況的時候準確到來。同時，請注意「突發」二字，這說明情緒持續的時間很短，所以，如果我們需要回避一些有害的情緒，最好的辦法就是等待。生氣的時候先數三個數，就是對突發性情緒的規避。

人類產生的情緒是包含語言、生理、行為和神經機制互相協調的一組反應。

如果你想要克服某種情緒，就必須要針對性地採取一些訓練手段，並且堅持相當長的時間才可以。

在這一節的末尾，我想重新問一個問題：什麼是高情商？情商絕不是圓滑，更不是能說會道。那些看上去受歡迎的人，不一定情商高。而內向不合群的人，情商也不一定就低。

衡量情商高低的標準，其實就是四個字：「自我覺知」。誰能夠清楚地意識到自己的言行舉止會為他人造成什麼影響，誰就是情商的高手。

因為，身處職場的你，並非「孤家寡人」。調節情緒的七個方法如下。

方法名稱	方法描述	注意事項
心理暗示法	當自己的教練，鼓勵自己，透過有意識的自我暗示，擺脱眼前的極端情緒（如緊張、畏懼、逃避、激動）。在執行某種複雜技術操作的時候，口中可以默念過去總結的要領口訣。在做事情的過程中，先在腦中預想一下你希望的結果，這樣在行動的時候，人會不自覺地貼近這種理想情況。	在進行心理暗示的時候，多想一想自己的成功案例，如果沒有成功案例，那麼就告訴自己「這一次就會做成」。這種自我暗示未必能導致完美結果，但如果此次沒有做成，不要否定自我暗示的意義，而是事後去想本次細節中有哪些進步。
轉移注意法	在遇到鑽牛角尖的時候，或者一件事情越重複越做不好的時候，你就要考慮轉移注意力了。此時你可以去關注某一個技術性的細節，或者目視遠方，或者看看周圍其他物品，或者去感受一下身體各個部分的知覺。轉移注意力的目的是為了讓自己從眼前的情況中「脱離」出來。	很多錯誤源自於過度關注某一件事情，導致了「單打一」，適度轉移注意力，可消除這種精力過分集中產生的負面效果。在注意力轉移的時候，也不要完全忽略事情本身，避免矯枉過正。

方法名稱	方法描述	注意事項
合理發洩法	情緒憋悶、低落、沮喪的時候。可以藉由劇烈運動、大聲唱歌、跳廣場舞等方式宣洩。由於發洩情緒的時候人可能會顯得不太正常，所以我們建議這些動作可以找個沒人的地方去做。	實際上，情緒過度高昂時也需要適度發洩，避免自己過度喜悅而導致樂極生悲的情況。
時間拖延法	一切情緒都會隨著時間的流逝而慢慢弱化，你需要找個獨處的環境，靜靜坐著或躺著，結合深呼吸，來平復自己的狀態。	另外，拖延的時間十五分鐘足矣，若長時間不做正事，可能導致更不利的局面。
自我説服法	在強烈排斥、憤怒等情緒發生的時候，人不容易做好眼前的事情，此時就需要為眼前的事情做出合理解釋，這種感覺就好比是打辯論賽一樣，你要分裂出另一個自己，舉出一個個例子，來説服自己。	自我説服並不是妥協，而是根據眼前的實際情況做出調整。這是智者和強者的方法，不是沒有原則。

人際交流法	不論你是如何堅強，我們都建議在有負面情緒的時候去找個朋友傾訴一下。這有兩種好處：第一，對方有可能對你目前所處的情況有一定經驗，有可能會給出一針見血的建議；第二，哪怕對方無法解決問題（或者給出的建議完全不適用），你在描述和傾訴的過程中，也能不斷卸掉負面情緒帶來的壓迫感	交流的對象應該是對自己友好、親近的人，否則，只會雪上加霜，還不如不交流。
拔高昇華法	面對眼前的問題，站在長遠的戰略角度去思考其積極的意義。比如做錯了一件事情被批評了，你要告訴自己「這次的錯誤對我今後的提升有很大促進作用。而且，一直順風順水不一定是好事，目前的挫折正是一次磨練的經驗」。這種昇華的策略不但有利於調節情緒，更可以讓你的理性思想得到進步。	拔高昇華這個過程可以分為兩段：第一階段是調節我們的情緒；第二階段是當情緒穩定之後，做出實際行動去調整、提高自己。

實際上，控制情緒只是第一步，真正的「武林高手」是那些懂得利用自己情緒的人。為什麼一定要把情緒看成我們的仇家呢？情緒未必是「綁匪」，我們完全可以跟情緒做一對互相幫助的好夥伴！

如何利用自己的情緒，這裡舉三個例子：

例一，當你面對未知的結果，感到恐懼的時候，綜合各方面收集到的警示資訊（比如前人的教訓），多一分謹慎，因為此刻恐懼情緒想要給你的行為「踩煞車」，我們雖然不能裹足不前，但在繼續前進的時候，要想到備用的方案是什麼，應該怎樣化解威脅，是否能夠承受最差的結果……也就是說，當你發現自己害怕的時候，你要搞明白自己為什麼變得害怕，這樣分析下來，既能識別真正的風險威脅，也有助於認清那些虛張聲勢的「紙老虎」。

例二，當你被上司訓斥、被不利結果打擊之後，此時低落的情緒也是有利用價值的。人在這種情緒時往往謙卑而懂得敬畏，不太可能做一些出格的事情。此時做一些技術難度不高又追求細心的工作（例如整理物品、修訂報告），效果就會比平時強一些。不過我們也要注意，職場裡的低落情緒常會伴隨著壓力和緊張感，而緊張感對於從事快速應變的技巧性工作是不利的，所以，我們不鼓勵在這種情況下進行此類工作。

例三，當你被一些感人的事情打動時，憐憫和溫暖的內心將會讓你的親和力瞬間提升，此時如果需要從事一些考驗耐心的待人接物的工作，比如說做專案講解、商業談判，效果往往不會差。所以，那些常懷憐憫之心的義工、慈善家，會讓人感到莫名親切。

類似的例子還有很多，我們不妨把自己的所有常見情緒列一個清單，然後對照著這些清單，思考一下每一種情緒背後適合做哪些事、不適合做哪些事。這個清單並非是一成不變的，但在相當長的一個時期內通常不會有大的變化。當你完成了這個清單之後，就好比是給自己寫了一個「使用說明書」，你可以形成更加準確、合理的自我認知，從而擁有更高的工作效率和工作效果，同時也能夠大大減少犯錯的機率，久而久之，更好的自己就水到渠成了。

「任何人都會生氣——這很簡單。但選擇正確的對象，把握正確的程度，在正確的時間，出於正確的目的，透過正確的方式生氣——這，不簡單。」這是亞里斯多德在《倫理學》一書中對情商的強調。如果你敢於直接面對自己，用智慧去研究自己的情緒，那麼對於你的職場角色塑造，就會變得十分有利，而且這些情緒本身也很值得去好好研究。自信也好，緊張也罷，乃至於焦慮、拖延……這些情緒背後也都大有學問……。

01 為什麼別人有自信心，而我就沒有？

所有取得成就的過來人都會告訴你：自信心是個好東西。當你一路攻堅克難站在職場的頂端時，回顧自己曾經走過的路，你就會發現，在很多時候，正是當時的那股自信心，鼓勵著自己勇敢地邁出第一步，並且堅持下來，才有了今天的良好局面。

古今中外，伴隨著「自信心」三個字的佳話有很多。可是，對於職場新人來說，在技能、人脈和心態都沒有那麼強大的時候，自信心就是一個「稀有元素」，我們的自信心應該從何而來呢？

這就要先搞清楚「自信是什麼」。

簡單來說：自信心，就是你覺得——接下來的事情，我不會弄錯。

從心理學的角度來看，自信心其實是一種「自我評估良好」的心理狀態，說得學術一點，就是一種自我效能認可，是一個人對自身成功處理特定情境的能力的估價。英語中對於自信是這樣描述的：Believe that one is right on something or that one is able to do something.（相信自己是對的，或者認為自己有能力做好事情）。只要你在某件事情上認為自己是對的，或者認為自己能做某件事，即可稱之為擁有自信。所以自信首先是個人內心的一種判斷（不論這個判斷正確與否）。面對未來可能發生的未知結果，我們的潛意識和本能會不由自主地做出一個判斷，如果你的判斷是好的，那麼這就是自信，反之就是不自信。

不過，關於自信心的產生，學術界還存在不同的表述，但總體來說，自信心的產生，往往基於以下幾大因素：

一、情況相似的既有成功經驗

相似聯想，是人們做出判斷的最常見套路，比方說，如果你的二胡拉得不錯，那麼對於學習小提琴，就會更加自信——因為兩者都是弓絃樂器，具有一定的相似性（哪怕兩者用著完全不同的樂譜）。

對於這一點，我是有切身體會的：由於自己有幾年練習二胡的經驗，所以在一位朋友想讓我用小提琴跟她合奏時，從未接觸過小提琴的我，居然很爽快地答應一個月後就上臺演出。雖然最後證明當初的決定還是有些草率，因為小提琴和二胡的差異比想像的要大一些，但毫無疑問，兩者的相似性是我有這個底氣的來源。

反之，如果你的英語特別差，那麼對於學法語也不會有太大把握（法國人除外）。「依樣畫葫蘆」，這就是我們自我評估的常用辦法，當你記起了類似情況的成功例子，大腦就會自動遷移到眼前的任務，給出一個不錯的評分。

這種相似的成功經驗，讓人面臨未知的時候能有一個「緩衝斜坡」——畏難情緒的產生，就好比一個落差巨大的臺階，上方的臺階是你所認為的難度，下面的臺階是你所認為的自我實力。在相似的情況中找自信，這是人類在漫長的進化過程中，面對未知事物的一個非常重要的心理趨勢。

也正因為如此，大部分人在大學畢業後，喜歡選擇跟本專業相關的工作，或者說選擇跟自己興趣愛好比較相關的職業。

很多人只看到了興趣愛好在動機方面對人的促進作用，實際上同樣重要的一個道理是，興趣愛好就意味著你在相似的領域裡曾經有過大量的經驗，而且提前付出了很多的思考和論證，這毫無疑問就降低了人在職業生涯中克服困難的難度。很多人沒有意識到這一點，是因為我們對於人的內心和我們過往的行為研究不夠。如果你能夠充分地發掘相似的成功經驗，也可以大大提升你的自信心。

二、豐富的資訊

扼殺自信心的最大敵人是未知，因為未知導致恐懼。當我們對眼前的事情一無所知的時候，就彷彿置身漆黑的山洞裡，我們會本能地畏懼和逃脫。此時，如果往裡面丟一塊石頭聽聽聲響，或者點亮火炬看個究竟，再或者在山洞入口發現了地圖和安全告示，我們的內心就會一點點地變踏實，這個時候，自信心就隨著資訊的增加而增加了。

俗話說「腹有詩書氣自華」。這裡面除了文學藝術對人的薰陶之外，還有一點就是知識和資訊能夠給人帶來一種自信，而這種自信，讓你具備了強大的氣場，整個人的氣質也就有所改變。

三、充足的針對性準備

透過大量準備催生自信，這道理和上一條類似，也是一個不斷克服恐懼的過程，準備越多，我們對自己能力的評估就會越積極，當你認為自己的能力值已經高於眼前的任務時，怎麼可能會不自信呢！

在這裡我非常想強調四個字——訓練有素。長期的、有目的性的系統化訓練，一方面可以提升你的技能水準和熟練度，另一方面也在不斷地增強你的自信心。因為人的行為和心理是相互影響的。有時候，明明你具備了這種能力，但由於心理上的問題，比如說自己自信心不足，反而會導致原有的水準發揮不出來。所以，訓練有素，可以讓你的信心達到一個比較理想的標準。

四、強烈的動機

在飛行教育中，我們也經常提到「動機」。那麼，如果一個飛行學員能夠帶著動機去面對一個知識或者說是一個飛行動作的話，他就可以獲得更好的學習效果。同時，動機本身也如同一個化妝師，能把面前的困難改頭換面，讓那種邪惡兇險的色彩進行改變，從而變成一個看上去人畜無害的任務。這樣，我們內心的抵觸和畏懼情緒也就基本消失。

反過來說，如果毫無動機甚至是在抵觸，這位慈眉善目的「化妝師」也會變成一位面目可憎的「老巫婆」。事情是同一件事情，人也是同一個人，不同的動機下，你看到的過程和結果也會完全不同。

有一句老話叫「重賞之下，必有勇夫」。沒錯，自信心也是「重賞」的好朋友。往深處分析，人的顧慮和提防是可以變化的，這無非是一個權衡風險和收益的過程，「我們的大腦每時每刻都在做買賣」，如果誘惑足夠大，我們就會不由自主地樂觀起來。這也是我們非常提倡培養興趣的原因，有了興趣，誘惑就自然而然產生了。

五、良好的時機和外部條件

每個人都有情緒起伏，有的時候會莫名地躊躇滿志，有的時候容易低落悲觀，你可以將其理解為一種生理時鐘（這種「生理時鐘」可能在一天的不同時刻出現不同的變化，也可能是跟著季節和年紀變動）。同樣地，你所處的外部環境也會給自信心做加減法。

漸進過度，構建相似性。

如果你對眼前的任務沒信心，不妨先做一些類似的小事情來練習一下。實際上，這也是一個熱身的過程，尤其適用於沒有經驗的職場新人。如果你對吃鴨蛋感到害怕，那麼可否先吃個雞蛋？再或者吃個鵪鶉蛋也行啊，這就是用相似性培育自信心的過程。不打無準備之仗。

強國和敵人宣戰的底氣，肯定與弱國不同，準備得多與少，直接影響到大腦的判斷。這裡要說的是，不自信的人往往喜歡用很嚴苛的標準去判定「我是否做了準備」這件事，他們會把一些關聯性較小的準備工作排除在外，這對於培育自信顯然是不利的。

多聽多看，深思熟慮。

「任何戰爭都是雙方資訊量的競爭」，你掌握的資訊越多，恐懼就會越少，自信心就會越強。其實，這也是做準備的另一種形式。對於經驗比較匱乏的職場新人來說，從多角度去搜集資訊，本身就是一個很好的職場習慣。

多找一些好處。

既然說「重賞之下，必有勇夫」，在無法改變客觀情況的時候，我們就得想辦法去給眼前的事情做一番美化。害怕高空彈跳？想想你跳下去之後朋友們對你會有怎樣的欽佩，想想體驗這種大起大落的寶貴經歷，再想想你會從此加入勇敢者的行列……類似的態度，就是那些自信者的力量源泉。

多交朋友少結仇。

隊友越多，信心越強，抱團取暖總好過獨自受凍。這個方法我覺得特別值得職場新人重視，因為更多的朋友不但能直接增加你的信心，更可以為你創造解決困難的客觀條件。所以，這個方法不但是給你的大腦「做思想工作」，也是直接促進成功的誕生。我特別認同一句話：「弱者是沒有什麼資格四處樹敵的。」結仇的過程會讓人的狀態變差，對自信心也是一種無形的打擊。

所謂的自帶信心的人，大多是熟練使用以上方法的高手，所以如果你缺乏自信，就在這些方面下點功夫吧。但凡事有利必有弊——自信心也可能產生副作用。我透過常年的心理學實踐，發現這些遭遇「自信副作用」的人，大多是對「自信心」有誤解。在這裡，我們就列舉出最常見的幾種誤解，幫助大家躲避「雷區」。

有的人認為：有了自信就一定能成功。這種想法顯然是錯誤的，自信只是成功的一個因素，卻不是唯一的因素。

客觀來看，成功是由多種內外的因素促成的，如果有人認為有了自信就一定能成功，那麼這個人很可能就會疏忽了對這件事情應當付出的努力，最終當然難有什麼好結果。還有人總是覺得，自信是成功的副產品，上一件事情做好了，下一件事才會有自信。這種想法的危害在於：一旦你遭遇了失敗或者挫折，就會自己扼殺自信，以為自己已經失去了產生自信的條件。實際上，成功並不是自信之母，它最多能激發和放大一個人的自信。有許許多多的人成功前都遭遇了大量的失敗，難道說他們在這個過程中就沒有自信嗎？所以，我們既不要想當然地認為將一件事情做好了之後就必然會有自信（這時候的心情反而有可能是自負），也不要覺得失敗之後就沒機會了。

許多人常常把缺乏自信作為擋箭牌，以沒自信為由來推脫、逃避某些事。在遭遇挫折的時候依然可以產生自信心，低落害怕的情緒也不等於沒自信。動不動就說自己沒自信的人，或許只是短時間內被自卑和畏懼迷暈了頭腦，又或者只是為逃避責任去找理由。

越自信越好嗎？顯然不是。自信並不是萬能良藥，過度的自信很容易發展為自負，讓人失去理性的判斷能力，過高地估計自己的能力和處境，容易釀成大禍。

02 年輕人為何如此慌張

相信很多人上學的時候都遇到過這樣的情況，班上那些成績特別好的同學，看上去總是一副不慌不忙的樣子，而自己，即使拚命努力學習，成績也不是很突出。這個困惑可以說很多人都有，我也一樣，如果說用一個字回憶當時的狀態，那就是「慌」。

好在我沒有一直這麼「慌」下去，畢竟每天都在努力，成績雖然不突出，但也算扎實。上了大學之後，我似乎找到了學習的「法門」，有了幾分學霸的樣子，能夠像中學時自己羨慕的那些好學生一樣，在淡定從容中拿到理想的成績。大一結束的總評排名，我是本專業年級第一，而直到考試成績出來的前一天，我是還在擔心自己會不會「被當」。研一的時候，整體感覺就更上一層樓，也是考過一次專業年級第一，但心態要穩妥很多。

從高中時候的既慌張又落後，到大學時候的慌張而不落後，再到研究生時候的不慌張也不落後，我的求學生涯，畫出了一條很值得思考的成長曲線。這條曲線為我瞭解自己提供了很好的研究素材。

工作之後，在和眾多職場中居於領先地位的人的接觸過程中，很多人都會萌生出許多類似的困惑——為什麼很多成績突出的同行總是那麼從容？好像他們從來就不會著急，卻常常能把事情提前且高品質完成？為什麼他們可以耐心地對待每一個人、每一件事？如是種種的「為什麼」，都鐫刻在他們背後的長期的努力和持續積累之中，而這些努力和積累，也是和他們的職場心理高度相關的。

面對棘手的問題、未知的局面、巨大的挑戰，很多職場人很容易產生恐慌情緒。而富有專業經驗的人，則能夠盡可能先確立正確的著手方向，很顯然，在行業內積累出來的豐富閱歷，能夠讓他們處變不驚。這種淡定，建立在一種「向下相容」的心理情境之中——「更可怕的事情我都經歷過，所以這件事沒什麼值得恐懼的」，所以，既然是「打小怪獸」，那麼自然可以從容應對。

從心理學的本質上來說，經歷過了，經歷多了，你的慌張程度就會逐漸減小，直至消失。職場人最重要的是要學會沉得住氣，哪怕眼前的事情並不順利，哪怕自己暫時的力量還很薄弱，你都要想辦法不動聲色地撐下去，只要你能頑強「存活」，少犯錯誤，那麼成長就是自然而然的事情。

我們常說「忙中出錯」，一旦手忙腳亂，那些原本能做好的事情也會變得容易搞砸。實際上，恐慌催生的危害還不止於此，當一個人長期身處恐慌之中，就會在心理和生理上滋生負面的狀態，這樣的狀態下，不但不利於工作效果，更會為你的生理和心理健康埋下「定時炸彈」。所以，唯有在相對淡定從容的狀態之中，人的理性和智慧才能夠發揮出更大的作用，為解決難題提供最優的路徑，也讓你的工作進入更加可持續發展的狀態。

怎樣才能找到這種可持續發展的感覺呢？給你一個建議——先做到「勝任」。

不可否認，慌慌張張、匆匆忙忙，是我們每個人初入職場的常態。當我們身處新的環境，扮演著新的角色時，對於很多事情都是一頭霧水、手忙腳亂，這是可以理解的，但這種模式不應當成為常態。

世界上，幾乎所有的工作都是從試探摸索到熟練從容的狀態，哪怕是挑戰性較高的科學研究工作，也不例外。勝任，就是對於人的工作能力最恰當的褒獎，這兩個字，應當成為年輕職場人的第一個「小目標」。達到了這個標準，後面的進展就會順利許多。如今回想起來，本文開頭的困擾也就找到了答案——之前的自己「道行」尚淺，並沒有充分勝任學生這個職位，只有當自己能力水準達到了之後，才能在不緊不慢中取得成就。

很多工作是要和外界打交道的，比如前臺接待、業務洽談、市場行銷推廣。人與人之間的交流，很多時候需要花費大量時間、經歷重重反覆才能夠實現比較好的效果。

面對枯燥的手續，或者細微、容易的事情，新人相對更容易失去興趣，甚至於和對方爆發矛盾。

而富有經驗者，往往能在這些職位給對方帶來更好的體驗。坦白地說，誰喜歡囉嗦呢？不僅是新人不喜歡重複性的瑣碎事務，高手們更會對這類事情產生負面情緒。但是，卓越的資深人士更能從中看出事情本身的重要性，或者說它的價值。正如同那些體壇巨星們，日復一日進行著訓練，對一個小動作重複個千百次是常有的事情，這種重複本身顯然缺乏樂趣，可正是這種重複的堅持，使得他們能夠在平凡的時光之中塑造卓越。

從容與耐心為什麼這麼重要？近幾年，關於「加班猝死」、「過勞死」的新聞，屢見不鮮。對此，我們不能全部歸咎於工作方法的問題，但良好的自我儲備，可以讓你盡可能地提升工作效率，降低工作負荷。

由此展開來看，我們還不難發現另一個現象背後的玄機：在面對工作對象（諸如客戶、來訪者）時，真正身經百戰的「職場老江湖」，更能夠以溫和、耐心的態度去對待每一個人。當你的積累達到一定的厚度時，你就會更加明白以人為本的重要性，而非僅僅聚焦任務本身。尖銳的問題，也能夠在談笑間處理好。就我讀書期間的體驗來看，

年輕的教師常常會對學生發脾氣，而老教師們普遍更能春風化雨般地對待學生，便是一個典型的印證。

我們來分析一下，產生慌張的一個普遍場景——面對「大佬」。

當你面對比你水準高很多的同行時，他們背後的光環和自帶的氣場都會讓你變得慌張。那怎麼才能緩解這種不良情緒呢？最好用的辦法就是增加和對方的接觸頻率。我猜想，肯定會有讀者開始抱怨了──「人家可是大佬啊，我哪有多少機會接觸呢？你這方法給了等於沒給。」其實不然，接觸的方法可不限於見面或者對話，你可以沒事多看看關於他的新聞，或者多回憶一下你們的接觸場景，再或者把對方的微信加到常用連絡人（置頂）。總之，在你的感官和意識裡，想辦法去增加對方出現的頻率，這樣陌生感和距離感就會降低，慢慢地，「大神」就變成了「凡人」，再次面對的時候，也就不那麼緊張了。

類似的手法，也適用於事情或物品：如果一件事或者是某一種東西讓你感到緊張，你可以想辦法，讓其變成你熟悉的事物。

職場心理學並不是說會給自己加油打氣就完了的，心態的歷練，說到底還是要回歸到對工作的付出。請仔細分析你身邊那些耐心與從容的「過來人」吧──好心情，是需要強大的專業功底作為支撐的。「羅馬不是一日建成」，作為新人，我們不可避免地要經歷一個學習和提升的過程。

年輕人在「老手」面前絕非一無是處，新人固然沒什麼經驗，但是年輕也帶來了活力和激情，以及對於新生事物的快速掌控能力，這些都是年輕的優勢。

03 給我一個焦慮槓桿，托起整個職業生涯

這些年，我們見過的職場焦慮，實在是太多了。焦慮是個好東西，也是個壞東西。

說它好，是因為焦慮給了我們前進的危機感，這種危機感會激發出前進的動力。俗話說「人無遠慮，必有近憂」，焦慮就好比是一個槓桿，讓我們身處不安之中，從而獲得提升。

但是很多時候，焦慮本身只是針對結果的情緒，而且這種情緒也解決不了問題，大部分時候只是徒增煩惱，不但讓工作染上灰暗顏色，還影響到正常的生活。有些焦慮是人過分敏感，對於不存在的情況過分擔憂，這是性格色彩的問題。但職場新人主要的焦慮，是面對局面力不從心、茫然無措。

中醫上常常強調「治未病」，就是說在疾病還沒發作的時候就開始行動。實際上，應對焦慮，我們也應該「治未病」。也就是說，當焦慮已經產生的時候，你可能已經做錯了一些事情。

所以，面對職場的焦慮情緒，我們要考慮兩件事：

第一，我的焦慮是否太過於誇張了？

第二，我應該做些什麼來預防和彌補所焦慮的局面呢？

關於年齡的焦慮，你只是缺一次對比

近幾年，我發現了一個挺讓人費解的現象：

明明是二十多歲、三十出頭的小夥子、小姑娘，嘴裡卻頻繁地開始感慨一個詞——「老了」，可是當我們放眼一看說這話的人，卻實在是年紀輕輕，甚至嗓音裡的稚嫩還未全部褪去。這種事我們不但常常在生活中遇到，有時候自己也會說這麼一句吧。更極端的例子其實也有，我在「B站」上看到了一個彈幕，「13歲，感覺老了」，當時就驚掉了下巴。其他類似的情況也不罕見，大家總是標榜著自己老了……轉念一想，為什麼大家會這麼說？我們真的老了嗎？

我之前是從事科研教育行業的，在科學教育領域的官方表述裡，有關「青年」的定義是這樣的：國家傑出青年科學基金：45歲以下；霍英東基金會青年教師獎：35歲以下；國家青年千人計畫：40歲以下……看了這些資料，你還覺得自己「老了」嗎？

實事求是地講，當我們步入三十歲後，身體的確會向我們發出一些信號，告訴我們沒以前那麼「精力充沛、無所不能」了。十幾二十歲的時候，人的體能處於巔峰階段。那時候的自己，跑得快，跳得高，一身有使不完的力氣，通宵唱KTV、徹夜打遊戲都不在話下。隨著時間的推移，這些瘋狂燃燒精力的事情，的確是漸漸「玩不起」了。

但這就是衰老嗎？其實遠遠談不上。人的身體總歸是為有規律的生活節奏而設計的，那種極端化的透支做法，放在哪個年齡段都是不合宜的。如果我們從運動科學的角度來看，就不難發現，大部分的職業體育項目裡，運動員的黃金年齡都是三十歲上下，但超過四十歲依舊活躍在高強度賽場上的球星也並不罕見。

其次，對衰老的感慨，其實也源自告別成長的失落感。青少年時期的人們，身體和心智都在高速發育，不斷前進，每一年乃至每一天都能看到實實在在的進步和成長。而隨著青春期的過去，成長速度變得緩慢。隨之而來的生活也沒有二十歲左右那般精彩和刺激。

當我們習慣了青春期的那種高歌猛進的日子後，突然換到了相對穩定的環境之中，難免會對眼前的緩和顯得無所適從，進而開始懷疑自己是不是「開始老了」。是的，當你逐漸告別往日的刺激和新奇，把注意力放在越來越多的瑣碎事之後，你就難免覺得自己老了。

其實呢，這未必是前進的腳步放緩，只不過基數的體量越來越巨大罷了。說白了，人生只不過是從野蠻生長的模式，切換到精耕細作之中罷了，我們需要跳出主觀的錯覺，站在客觀的角度，審視自己在人生中的進步速度。

女生們說自己老了，可能還有對少女時代的一種惋惜，或者也是對於締結婚姻、組建家庭的一種著急。坊間總是有一種看法——男性的魅力會隨著年齡的增長而「升值」，而女性的魅力卻會隨之「貶值」。其實這種憂慮大可不必，從人類發展的歷程來看，結婚的年紀本來就是逐步後推的。大量資料顯示，受教育程度越高、社會越發達、醫療保障能力越完善，結婚的平均年齡就越大。男性也好，女性也罷，最大的魅力都是源自內外兼修。與其和自己的年紀過不去，倒不如花點功夫讓自己變成一個更有內在美的人。當內在的積累到達了一定水準，你就會發現——歲月啊，其實完全不重要！我們完全不必因為自己的年齡而焦慮，給自己戴上枷鎖，打算在職場裡「混日子」——實際上，等著你們創造的輝煌，還多的是呢。

我們感慨自己「老」了的一個很重要的原因，就是在找藉口。剛剛脫離家庭、告別父母，工作的壓力撲面而來，行走在滿是競爭的社會裡，這份辛苦可想而知。惰性是所有人的本能，有的人能夠戰勝惰性，有的人，就只能懶惰下去。雖然道理每個人都懂，但曾經的熱情和行動力卻已消磨殆盡，想得太多又不肯動手去做，只能在那兒故作深沉地說自己老了。

實際上並非是你老了，而是懶了。說「老了」，只是給自己的碌碌無為找藉口，並且有了這個藉口之後，就可以繼續碌碌無為下去，在本該努力奮進的年紀高掛免戰牌，還要粉飾出一個與世無爭的表象。

赴美求學這幾年，美國西部老年人身上的那種不服老的精神，給了我很大的震撼。我曾在籃球場上遇到一位叫薩姆的老大爺，快七十歲的人了，爆發力依舊優秀，愛和我們同場競技爭個高下。我清晰地記得，一天早上，他帶著兩位老夥計組隊，把我們三個小夥打得落花流水。賽後他告訴我：「和你們打球，我從來不去想年齡，就是放開手腳往前衝。」

老大爺們還一身的激情呢，我們這大好的年華，滿是青春，何談衰老？

堅持還是放棄，其實就差一丁點

網路時代，「大牛人物」比比皆是，身邊的成功榜樣常常會讓我們也想成為這樣的人，並為之努力，但有些人努力一段時間後，發現方向出了錯、方法有問題，內心會變得沮喪，開始懷疑自己，最終放棄。

缺乏毅力，是損害職場競爭力的首要內部因素，很顯然，毅力這件事，還是屬於心理學範疇。

毅力是什麼呢？百度百科是這麼說的：毅力也叫意志力，是人們為達到預定的目標而自覺克服困難、努力實現的一種意志品質；毅力，是人的一種「心理忍耐力」，是一個人完成學習、工作、事業的「持久力」。當它與人的期望、目標結合起來後會發揮巨大的作用；毅力是一個人敢不敢自信、會不會專注、是不是果斷、能不能自製和可不可忍受挫折的關鍵。

雖然研究心理學不能單靠搜尋引擎，但看完這段描述之後，我還是覺得很有收穫，因為毅力不僅僅是「堅持到底」這麼簡單。這裡面，需要自信、專注、果斷、自律以及承受挫折的能力。

毅力是一個心理因素，對於毅力的培養可以分解成幾個方面進行：

首先，我們要有明確的目的。培養毅力的第一步，是知道自己想要什麼。如果不知道自己究竟是為何而戰，那麼這場戰鬥能打多久呢？我見過太多在迷茫中堅持的人，他們忍受著強烈的痛苦、承擔了巨大的壓力，可是，卻說不清楚自己的這份忍耐到底是為了什麼？這樣的毅力，是沒價值的，也承受不住任何挫折。

第二，要有強烈的動機。為什麼很多人減肥失敗？不同領域的專家有著不同的解答，但從心理學這個層面來說，無非是動機不夠強烈。如果說僅僅是為了穿一條過去的裙子，這個裙子值多少錢？又能給自己帶來怎樣的好處？似乎並沒有那麼可觀。反之，如果對追求的目標充滿強烈的欲望，就相對容易培養並保持毅力。

第三，要有足夠的自信。毅力的保持，需要自我肯定，而前面我們也講過：自信心意味著相信自己是對的、認為自己有能力做好事情。如果你在一開始就對結果將信將疑，那麼我覺得還是算了吧，因為連你自己都在懷疑的事情，在遇到挫折時一定會很容易就放棄。我們沒必要去堅持一件看上去沒什麼希望的事情，反之，如果你相信自己有能力完成，那麼你的潛意識就會不停地來說服你，直至讓你去堅持不懈地完成它。

第四，要有一個明確的計畫。計畫的作用是把一個體量巨大的挑戰，切割成一個個的你能力範圍之內的小塊。我們要堅持的事情往往都是比較複雜的，這時候你需要花點時間將其分解，從而制訂出一個清晰、可行的計畫。哪怕這個計畫並不完美，也會讓你更容易堅持下來。

最後，要找一個良好的環境。我們常常會說一句話：奇蹟是被逼出來的。這句話就點明了環境對人的激勵作用。這裡的「良好環境」，可以是富有朝氣的辦公室氣氛，可以是充滿競爭和挑戰的「鬥獸場」。《孟子》裡的名篇《生於憂患，死於安樂》就曾寫道：「入則無法家拂士，出則無敵國外患者，國恆亡。」

在這部分的末尾，我還是想強調一點：別把所有的指望都託付給外界，想要擁有毅力，你必須學會自我激勵。

放棄的原因不僅僅是懶，還有「慫」。沒有激勵的堅持，是很難抵抗住外界壓力的。

拖延症，立刻治！

實際上，很多焦慮就是拖延症導致的。那麼，到底是什麼導致了我們的拖延症？

第一，要做的事情太多。

很多人認為拖延症是決心不夠、習慣不好，但在這裡我想為各位「拖延症患者」開脫一下——也許只是壓在他們身上的事情實在是太多了。簡單的一兩件事，我們總是容易快速解決的，可是事情一旦多起來，情況就不同了。人會在複雜的待處理事件清單面前滋生一種心態：「債多了不愁，蝨子多了不癢」。也就是說，繁重的任務反而會讓人拖延。

第二，時間節點的不明確、選擇太多。

很多事情是有時間節點的，比如高考，比如某一個項目演示。在這些情況下，我們通常都會有具體的日程壓力，在這個過程中，雖然可能也想過逃避，但內心總歸是被催促著的。可是，還有很多事情是沒那麼迫在眉睫的，比如說你打算考某個行業的資格證，這個考試每個月都有一次，那麼好了，這個月拖到下個月，下個月下下個月……正所謂「明日復明日，明日何其多」，一旦自己有了選擇時間節點的自主權，拖延症就開始滋生了。

第三，輕重緩急管理失能。

這其實是很多職場新人的通病。新人雖然足夠積極向上，也很想在目前的工作環境下做成一些事情，但難免會遇到很多事情同時找上門的情況，而新人常常理不清到底哪些事情更重要，而把大量的時間花在了眼前瑣碎的小事情上。

第四，社交的入侵。

在學校期間，我們有大把的時間，想怎麼安排計畫就怎麼安排，但工作之後情況就不同了。

防止拖延症的幾個錦囊妙計

1. 所有的儀式化都是為了繼續拖延

很多人都討厭無休止的會議，也不喜歡公司裡各種無聊的儀式，很多職場人都覺得，搞這些事情就是在浪費時間，把很多精力無意義地給消耗掉了。但你有沒有想過，自己行為習慣裡的很多「儀式」，也是在浪費時間和精力呢？

沒錯，拖延症的一個很大原因，就是你不由自主搞出來的這些儀式。舉個例子：在家寫報告之前，打算先玩一局遊戲放鬆一下，結果激戰一整晚，結束時，已經眼睛發痠哈欠連天；在背單詞之前，打算想先去網上買個單詞本，結果你先在淘寶上看了半小時，然後是抖音、微博……這些所謂的儀式，說白了都和任務本身關係不大，但「聰明」的你總會為之找到一些理由——我在開工之前放鬆一下怎麼了？我既然要背單詞難道不應該弄個好看的筆記本來顯示隆重嗎？

道理究竟在哪裡呢？在你的潛意識裡。雖然有很多工作擺在眼前，但是你的內心（即潛意識）還是傾向於逃避的，隨後，你的思維就會努力服從潛意識，迅速思考轉移的辦法，安插好各種理由，經過長期的篩選，「儀式感」就成了最容易通過考驗的偷懶方法，因為這種方法很容易矇騙住你表層的正當動機，如此一來，當初的努力下決心的局面，就偏向了被內心（潛意識的誘導開脫）和外部條件（比如那些想要謀求你花時間的各種社交軟體）精心設計的騙局。

當你真的想要做成一件事情時，你是沒有精力去搞儀式感的，一旦有了儀式感的念頭，那只能說明你的內心是在抗拒這件事。所以此時如果你的理智還存留一點點的話，聽我的，趕緊罷免這些雜七雜八的念頭，直接著手於做事情本身。

2. 別管那些，每天都給我一點兒東西。

導致拖延症的第二個原因，是信心的缺乏，這種缺乏往往源自對手過於強大。

「老虎吃天，沒處下牙，回身一躺，聊天喝茶。」這樣的描述你肯定似曾相識——多少次想弄個大計畫，但當你著手去做的時候才發現，這個計畫太大了，以至於自己難以在短時間內做完或者乾脆不知道該怎麼做，於是只能先擱置著，越擱置難度越大，最終成為無限的拖延，直至放棄。

怎麼辦呢？你只能化整為零！

聰明的人懂得把巨大的目標切割分離，然後從基礎到高級一步步去完成，這也是優秀的職場新人普遍具備的思維能力。做事情的能力、學習的能力總是有高有低，但你必須要具備把巨大任務分割成零件的能力，分析，切割，再分析，再切割……直到事情被切割成你可以吃得下去的小塊（比如一小時內可以完成的小任務），行動的阻力才會不那麼大，你才有足夠的能量去面對困難，而不是一擊即潰。長征雖遠，但我們總可以邁出第一步。

3. 床是你最大的敵人

之前看過一篇文章，標題叫《缺覺的中國人》，文章用大量的資料表明了中國年輕人（主要是職場新人）的睡眠嚴重不足。

可我依舊想說——床，是大敵。

首先請大家不要想歪，這裡的床只提供睡眠休息的功能。人一旦上床，肢體位置的改變會直接調整我們的激素水準，不管你是一沾枕頭就能著的「速睡超人」，還是長期失眠、容易驚醒的「人形自走報警器」，體內的鬥志都會懈怠。或許你是帶著任務爬上床的（比如捧著一本書），但此刻的堅持力度已經開始在降低，即便是硬撐下去，效率也會大打折扣。

更要命的一點在於，一旦上床，你的很多「功能」就會被限制住——比如書寫能力，這個時候就會變得很差。這就好比戰場中的軍心動搖，當你不斷開始丟棄兵器時，最終的大撤退也就在意料之中了。當這樣的情況每天發生之後，你的拖延也就成為定局。

是的，睡眠很重要，但對於絕大部分職場新人來說，我們是沒有資格享受充裕睡眠的。這就是比較殘酷的現實，狼可以天天打盹，但對於羊群而言：要麼睡死，要麼存活。話說得比較重，道理就是這個道理。

如何快速進入職業角色

「專業」這兩個字是有歧義的，這個詞作為形容詞時，表達的是足夠勝任的熟練狀態，而作為名詞的時候，則是指學校裡的求學方向。在討論前者之前，我們先聊一聊後者。

在二〇一六年，上海市教委發佈的年度的本科「預警專業」名單，就對那些就業率差、市場需求少的高校專業來了一次「點名」，一方面是提醒學子謹慎報考，另一方面也是建議各高校儘量縮減招生名額甚至裁撤該專業。當時被預警的十大大學科系分別是：英語、國際經濟與貿易、法學、工商管理、物流管理、新聞學、旅遊管理、資訊管理與資訊系統、市場行銷、行政管理。當時我看到這個新聞的時候還有些想不通——被警告的科系裡，很多都是當時的熱門行業，也比較實用，為何還是被警告了呢？後來我聯繫了一位私企的HR，這位朋友的解答，讓我茅塞頓開。「我們當然需要進來新鮮血液，可是你看看面試的時候，就覺得這些專業對口的學生還是不對路……往往面試一整天，也挑不到幾個滿意的——真要是遇到專業感覺對胃口的，我們還真不嫌多。」

一邊是飽受就業壓力的各個專業，一邊是滿肚子委屈連呼「缺人」的用人單位。這位HR負責人口中的「滿意」和「專業感覺」，究竟是什麼呢？

說起「專業」（professional），大多數人腦中的第一印象就是一位技術精湛的老員工，在談笑風生間，庖丁解牛一般輕鬆搞定所有問題。這幅畫面想必是很多職場新人所憧憬的未來。但對用人方而言，則又是另一回事，他們所需要的其實就是兩個字——「勝任」。或者說，他們想要在應聘者的身上看到一種能夠迅速投入工作的潛力。

職場「小白」的專業素質，首先在於能夠掌握相關「瑣事」上。不客氣地講，在與在校生交談的過程中，我偶爾會感到一種自以為是的傲慢。不知道你是否聽過這類言辭：「我是英文文學專業的，不是活字典，那是詞彙學的事情」、「我們研究的是人工智慧，不是寫代碼」、「管理的趨勢是大資料計算，打廣告跑生意已經是過去時了」……。

如果一位想當專職司機的求職者說「我能在鬧市街頭飆車，但不會換備用輪胎，也不會幫水箱加水」，作為面試官的你將會怎麼想？

「術業有專攻」不是「自廢武功」的藉口——尤其是當你「段位」還不夠高的時候。任何單位和組織都不可能為一些雞毛蒜皮的小事去設立專門的職位。能解決核心的技術問題固然關鍵，但搞定相關的基礎工作，也是開展任何工作都無法迴避的前提。

與人交流、合作的軟實力，則是專業精神的另一種體現。分工是現代職業體系的總趨勢，與人交流合作就變得無比重要，而這恰恰也是很多人所欠缺的能力。如果溝通不暢，即使面對簡單的事情也會顯得束手無策。反過來說，如果具備了良好的溝通合作能力，哪怕遇到困難，也不難找到「老司機」提點一二，利用他們的寶貴的經驗幫助你克服困難，實現能力提升。

面對這一現實，別急著把鍋甩給學校——就算是對口就業的理工科博士，入職後又有幾個能繼續之前的研究課題呢？顯然，校園教育不是包辦一切的。課堂上的知識，實驗室裡的實踐，說白了只具備兩個功能——打下基礎、掌握方法。

基於上述觀點，我在此提出幾點方法和建議：

1. 無所不學

最簡單的辦法，莫過於透過實踐、實習等體驗途徑，觀察和學習那些「職場老江湖」身上所具備的素質。一位好的實習生，往往在實習開始就已確立了實習目標，然後帶著這份初心去盡可能多地觀察和思考，要知道，實習中所遇到的每一幕，將來都可能發生在自己身上。

2. 在學習管理之前，先學會合作

在課後向老師同學請教，在學生社團裡和同伴們共同完成專案，在科研團隊中把自己的工作融於整個課題，如是種種經歷，皆為培育合作能力的沃土。所謂人情練達，並非阿諛奉承，而是讓對方感到自在，令夥伴受到尊重，為集體創造價值。

當然，不論事前如何精心準備，在面試時或入職後還是會遇到各種始料未及的挑戰。這時心態就很重要了——不論「出身」如何顯赫，都請牢記你是一位初學者。這份謙遜而敢於行動的心態，才是最關鍵的品質。有了這個心態，新人就能更好地在實踐中發現問題並迅速適應和解決。心態的差異遠非一紙證明所能表達，但在資深HR的眼裡，三言兩語就足見端倪。

回歸本質來看，不論是職場還是生活，不論就業還是創業，道理都是一樣的——解決問題、贏得青睞、提升自我。不論是在求職時還是就職後，綜合專業實力的競爭，都已不再是成績榜單上的數字爭奪戰。面向應用的專業化素質，才是你最可靠的「護身金牌」。

04 應對焦慮的4個簡單方法

有意識積累，造就「萬能達人」

前段時間，在我授課的休息間隙，正和學員們坐在飛行教室裡聊天時，我的手機突然響了——機場那邊來了兩位外國客人想要瞭解我們的飛行業務，前臺值班的同事焦急求助：「這兩人說的似乎是英語又好像不是英語，你趕緊過來幫忙翻譯一下好不好？」

我放下手機立刻出發，對兩位來自摩洛哥的客人用英語夾雜著法語做了一番介紹，很快搞定了狀況。回到教室聊起剛剛的事情，一位學員略感驚訝地問我：「你怎麼什麼都會啊！」

我抬起頭和他解釋：「當翻譯是我一直以來都很感興趣的事情。」忽然間我又想起來什麼，接著說：「但興趣愛好不等於特長，可能有很多人也對這事情感興趣，不過呢，在他們那兒翻譯只是個興趣，在我這裡，不僅僅是興趣，而是特長。」

這麼一番評述之後，我覺得不太好，似乎過於自鳴得意，但這位學員身上的類似感覺，我也常常有。實際上，很多「大神」在我眼中的樣子，就像是我此刻在學員眼中的樣子，大概每個人身邊都有這樣的朋友：他似乎什麼都懂，不管你聊什麼話題，他都能加入聊天並且侃侃而談；他似乎什麼都會，不管是遇到了什麼問題，他都能快速想到解決方法；他似乎什麼都學過，不管是面對什麼任務，他都或多或少有過類似的經歷。

每個人的一天都是二十四小時，大家都是相似的年紀，為什麼有的人就能掌握這麼多的知識和技能，而我卻不能呢？

實際上，造成這種個體差異的並不是每個人的天賦有多大差別。如果你也想要成為這種「萬能膠水」一樣的職場人，可以在日常生活中進行特長訓練——我稱之為「有意識積累」。「有意識積累」是說，如果我們對自己的能力培養有一個明確的目的清單，那麼在經歷各種各樣的事情時，就能不由自主地擇取其中有價值的部分，你的注意力會更加集中於這些有價值的部分，並且逐漸強化到對應的目的上。

每個人都會對大量的事情感興趣，但為什麼有些人就能夠把這些興趣發展成為特長呢？這就是「有意識積累」的神奇之處了。所謂「有意識積累」學習策略，簡單來說，就是五個字——做個有心人。

這種學習策略的最大好處是低成本。你不需要專門拜師學藝，也不用花錢去報考什麼輔導班，而是把學習過程放在日常生活中。所以，「有意識積累」是最好的學習策略。

舉個例子：如果你想當一個出色的廚師，那麼在用餐的時候，就會比其他人更加關注菜式和加工技法，這樣一來，每一次的用餐都像是進行了一個小培訓。你在廚藝方面就能夠領先於大部分人。

由於這種「有意識積累」的行為不是人類的自發本能，所以你得花一番心思才能走上正確軌道。這裡面的心理學基礎理論就先不提了，直接奔著實用去就好。想要完成「有意識積累」，你必須要先弄清楚一件事——興趣愛好不等於特長。

什麼是特長呢？我們在投遞簡歷的時候，往往會附上自己的興趣愛好和特長。但是「興趣愛好」和「特長」其實是兩件事。興趣愛好就是喜歡做的一些事情，而特長則是你相對他人更擅長的一些技能。有些愛好天生不太可能成為特長，有些特長似乎也很難讓人感興趣。當然了，拋去一些極端的例子不說，絕大部分的特長都是可以成為興趣的，而且這些特長的形成往往也始於興趣。伴隨著有意識的日常積累，你所追求的目標會越來越清晰，也能夠不斷發現自己還缺少什麼，在日後可以繼續有針對性地積累下去。如此良性迴圈，想要沒特長也難啊！

競賽，激發技能達人

競賽有時候是殘酷的。從上小學開始，我就一直覺得競賽是個挺有意思的東西，徵文比賽、奧數競賽，除了有些時間分配上的困擾之外，並不會對我造成什麼陰影。所以我一開始並不認同這句話，直到我讀到大二。

那是一次分析化學的實驗課，我們在學習各種化學物品的滴定分析操作，老師告訴我們，在很多化工廠都需要類似的滴定分析，他們會針對滴定分析精確度搞技能競賽。他說：「這類比賽看上很普通，但實際上輸掉這些比賽的人會被扣工資，甚至會丟掉工作。」從那之後，我才開始逐漸意識到競賽的殘酷性。

不過，大部分情況下，競賽沒這麼嚇人，而且其好處要遠遠大於壞處。

首先，競賽可以聚集一幫志同道合者。主題明確的競賽，可以幫你篩選同好之人。在這類競賽中，敢於報名的人，多多少少是在這個領域有點「法寶」的人，你們交流起來也更有共同語言。

第二，競賽是暴露自己問題、學習他人長處的好機會。我們在籃球隊裡集訓的時候，有個說法叫作「以賽代練」。倒不是說單純的訓練沒有意義，只不過，比賽能夠為我們的訓練提供更多的指導方向，而且，有了成敗得失的心態，訓練和學習的動力也大大增強。

第三，競技活動本身就有一定的對抗樂趣，這能讓我們不那麼無聊。

所以，競賽有什麼不好呢？如果你想要在某個技能領域更加快速全面地提高，那麼不妨試試參加相關的競賽。

贏了有動力，輸掉也不是多大事情——最不濟，你還可以說一句「友誼第一，比賽第二」嘛！而且別忘了，一旦你全情投入到這種競賽之中，你的焦慮，基本上就沒有什麼發揮空間了——焦慮是什麼？對不起，早就忘啦！

焦慮也是「免疫力」

前面也介紹了一些避免或者戰勝焦慮的辦法。但是，我們看任何事物都得全面、客觀地去看它。

我們要怎麼看待焦慮呢？

焦慮實際上也是一個好東西，所以我並不提倡完全扔掉焦慮，因為焦慮對我們也是有很多積極作用的。從大的方面來說，焦慮是保護我們生存下來的一個必要的條件，它就像我們的免疫力一樣。

對醫學有一定瞭解的朋友都知道，人體的免疫系統是經過漫長的進化才得到的一個綜合的、高級的功能。當我們的身體發現一些有威脅的病原體輸入並造成危害之後，就會激發我們體內的淋巴系統對它進行抵抗，這就是特異免疫行為。

而焦慮呢，它的原理也非常相似。當人類面對一些自認為有難度或者說有攻擊性的事情時，就會激發出自己本能的一種心理運作機制，這種機制可以理解為是一種防禦手段。在這種情況下，焦慮感開始大量地提升你的思考強度，讓你變得更謹慎，從而更重視這件事情。一旦讓你思考強度提高了，就可以讓你有意識地加強自己的各方面的準備，所以從這個角度來說，焦慮也算得上是一件好事。

現如今，人們的焦慮感普遍比較高，所以在這種客觀情況下也催生了很多所謂的治療焦慮、抵抗焦慮的一些心理工作者。在這裡呢，我不想做一些負面的評論，畢竟我也算是其中的一員。但是我也想提醒每一位讀者——焦慮，它也是我們心理系統中不可或缺的一部分，就像人體不能沒有免疫系統一樣，我們也不能完全扔掉焦慮，正所謂「人無遠慮，必有近憂」。

05 這虛榮心總是作怪

每個人都有虛榮心，虛榮心是很正常的現象，但它的存在，不但導致了很多不必要的花費，更為我們的工作和生活帶來了極大的干擾。很多人為了虛榮心，甚至做出有悖常理的事情，不但害苦了自己，還連累了別人。

首先，虛榮心源於自尊心——我們希望得到外界的認可，並獲得更多的尊重。但所謂的面子，一旦扭曲了，就會演化為虛榮心。

很不幸的是，不論是在職場，還是我們的日常生活裡，誘導自尊心扭曲發展的因素都無處不在。很多人，尤其是內心「道行」尚淺的職場新人，在強烈自尊心的基礎上，很容易淪為虛榮心的奴隸。

為什麼我們要遠離虛榮心？它真的有這麼可怕嗎？

沒錯，虛榮心的危害在於，它會讓你逐漸落入錯覺——在內部的不斷自我強化和外界環境的配合中，謊言重複一萬遍，就會變成你以為的事實。這時候，人的狀態就像是一個不斷被吹起的氣球，越漲越大，一旦被戳破，後果不堪設想。

怎樣才不會被虛榮心綁架呢？

首先我們得能夠準確識別虛榮心。尊嚴和虛榮有明確的判定界限。這個界限就是真實和謊言的界限。

如果我們想要去捍衛一些真實存在的東西，那麼我們的心態就是自尊心。反之，如果我們想要去達成一些我們原本不存在的現象——比如你只有三十萬，卻希望別人認為你有三千萬，而且還拿不出明確的理由——那就是典型的虛榮心。

其次，對於大部分人來說，還是應該在工作中注意自己的心態塑造——強化真實的心態，否定作假的心態，這樣就能避免給自己套上「偶像包袱」，防止用一個謊言來圓另一個謊言，從而把自己一步步「逼上梁山」。

人的面子是自己掙來的，雖然愛惜面子是必要的，但是你的面子是否牢靠，還要取決於外部環境。如果遇到職場裡那種所謂的「鐵娘子」、「魔鬼教頭」。他們是不會在意別人面子的。關於這種不在意下屬面子的領導，如何與他們相處，我們會在後面進行專門表述。

06 三十歲前，請戒掉你的完美主義

在眾多處世的態度中，有很多所謂的「主義」或者「精神」，在這之中，我認為「完美主義」是最騙人的了。當你進入職場，大概都不用超過二十四個小時，聰明的人就會發現完美主義是無法實現的一個美好願望。最起碼，「完美」二字是不存在於技術性工作中的，是儀器就會有誤差，絕大多數結果會和預想的「劇本」有所出入。如果這時候你還抱定「不達完美不甘休」的執念，那麼對不起，等待你的將是一盆冷水。

那些所謂的完美，很多時候只是一種自我鼓勵，在客觀評價上並不能站得住腳。不要說達到這種完美，哪怕想要去接近它，你都得為之付出更多的工作時間和精力，而這些工作時間和精力，原本可以用來做其他事情。

你可以在藝術創作裡搞一些吹毛求疵的個性，也可以在個人生活中有著獨特的堅持，但是工作是一件對外的、集體化的事情。我們擁有的時間、資源並不是不計成本的。

理性的人，不會盲目地追求「完美主義」，尤其是在科技界，真正的完美是不存在的——加工中有沒有絕對的光滑平面？沒有。試劑能否達到絕對純淨的級別？不可能。程式優化是否達到絕對可靠的地步？恐怕不是……

對於這些高度依賴於理性的行業而言，如果非要等到絕對完美的結果，結果只能是黃花菜都涼了，其間所涉及的巨大經濟代價、時間代價，顯然是承受不起的，這時候所謂的「完美主義」，只能是一種災難。

所以我一直強調，一般情況下，我們需要的不是完美主義，而是「合格主義」——當我們工作的成果或品質足以達到一定的標準時，你就要學會放手，而非對著這一件事沒完沒了地糾纏。

07 不要成為一個固執的人

當我們遇到一個情商低的人時，常常會發現這類人不善於變通，接受度較低，也就是說這個人比較固執。被固執害慘的人可以說不計其數。

固執，指的是人們在認知過程中無法將客觀與主觀、現實與假設很好地區分開來。如果將自己這種已有的經驗駕馭現實之上，並過分固化的話，就產生了執迷不悟。

固執的起源

人為什麼會固執呢？固執的首要原因，是你不認為自己錯了。再稍微說得深入一點，美國心理學家費斯汀格在解釋人的固執的心理時，認為固執是由「認知失調」導致的（這裡還有一個「費斯汀格法則」應該也會用得到，即生活中的 10% 是由發生在你身上的事情組成，而另外的 90% 則是由你對所發生的事情如何反應所決定。也就是說，日常生活中我們能夠掌控的事情僅僅只有 10%。也就是說我們也只能在這 10% 的空間裡聊固執了，其他的你短時間內難以改變）。

在這個觀點內，我們可以發現每個人都會遇到信念與現實發生衝突的情況，此時就會導致認知平衡失調，此時，人們會感覺難受從而想辦法來恢復心理平衡。恢復平衡的方式有兩種：一是承認事實；二是找到一個理由來維持平衡。後者就是我們所說的認知失調——即當你做決定採取行動或者遇到跟你原先預想的不一樣的信念、情感或價值觀後，引起內心衝突，所體驗到的一種心理狀態。

固執的存在，首先能夠歸因於「理由不足效應」。所謂的理由不足效應，就是指：如果我們的行為不能完全用外部報酬或強迫性因素來解釋，我們就會體驗到失調——我們可以透過相信自己的所作所為來減少不協調。它與過度強化導致的固執正好相反。這種情況下的固執，其實也算是一種本能性的補償操作。就比如把九個擰緊蓋子的杯子和一個半擰緊蓋子的杯子同時交給一個人，一旦這個人感受到了那個半擰緊蓋子杯子的不協調，就會不由自主地想要去把這個杯子給蓋上。

個人認為，固執其實可能還是一種心理防禦機制。固執並不是完全沒有積極意義的，適度的固執，其實也就是「堅持不服輸」的奮鬥精神，但這種堅持奮鬥的精神一旦過度，就會演化為一種「偏執性人格障礙」，究其原因，在社會當中，越固執的人，自我保護本能就越強，這種本能又會被毅力所激發。

所以，我們在嘗試扔掉固執的時候，首先要讓自己跳出來，分析清楚對與錯，然後判斷是否值得繼續堅持。

改善固執

但是，即便是意識到自己錯了，我們依然要去面對「心理慣性」的困擾。大腦裡的更新，往往不能直接體現在行為上。比如說「我明明知道錯了，但是就是管不住自己的手」，類似這樣的情況，其實每天都在我們身上發生。

人體是一套複雜的系統，大腦的淺層思維只是其中的一小部分，大量潛意識裡的行為習慣、已經養成的條件反射，都會像訓練有素的軍隊，一聽到號令就努力往前沖，根本來不及考慮這聲號令究竟是對是錯。那麼怎麼辨呢？

首先，我們需要「逆向訓練」。所謂逆向訓練，就是將過去的固有習慣進行反向剝離的過程。比如，如果你總是不懂得拒絕別人的要求，那麼就要有意識地去拒絕一些事情……類似的行為，是我們比較容易想到的校正方法。

如果想要更多的解決方式，就要繼續走進人的內心了：既然我們說固執其實是有著人格基礎的，那麼想要完全改變幾乎是不太可能的。但是就像前面所說，固執說到底也是一種認知障礙，我們只需要在日常與人交流的過程中培養一種自主意識，當有人試圖說服我們的時候，固執的人往往會被內心的另外一個聲音所佔據，我們需要做的就是一次次與腦海中這個固執的聲音進行「認知辯論」，用盡可能客觀的方式平衡與調節。

為固執敲響警鐘

跳開心理學的層面，僅在普通的日常生活之中，因為固執所導致的衝突和悲劇也是數不勝數。

人為什麼會固執？在這裡我不想做太多的研究，我只想告訴大家，固執是多麼的可怕。雖然說固執和焦慮很類似，而且固執還可以讓一個人在前期獲得更多的能量，擁有更快的前進步伐，這些都是固執帶來的好的方面。

我對於固執和焦慮完全不是一樣的態度。這是因為，焦慮通常不具有攻擊性，自我鞏固的趨勢也不強烈，可固執就不同了，固執通常也會給他人帶來傷害，尤其是親近的人。而且固執會隨著時間越來越強烈。如果一個人帶著固執一直往下走的話，結局一定會非常不容樂觀。

前面我們也說了，固執是一種心理防禦的機制，或者說，我們每個人多多少少都會有一些固執。那固執本身也不是一件壞的事情，我們完全沒必要為此戰戰兢兢。真正重要的事情是，在你不斷前進、不斷成熟的過程中，如何逐漸去減少固執的成分，最終把它控制在一個合理的範圍之內。

有句老話叫「聽人勸，吃飽飯」。在過去的農耕時代，大家普遍敬重富有經驗的農業種植者，也就是老農民，他們會給出很多的預測和經驗判斷。對於一個剛剛學習種地的人（農業新人）來說，如果能夠多聽這些老農民的勸的話，收成就會有所保障，自然就能夠吃得飽了。而那些肆意妄為、不聽勸的種植新手，有可能就會因為一次旱災或者病蟲害而導致顆粒無收，就會餓肚子——這就是「聽人勸，吃飽飯」這句話的來源。

在現代生活中，雖然我們不是所有人都需要去種地，但是潛在的、無形的「收成」還是每個人都需要的。

在做事的時候多聽聽過來人的建議，其實是有很多益處的。畢竟，農場的新人需要指導，職場的新人也一樣，在農場，你不固執的好處是可以收穫莊稼和牲畜，在職場，你不固執的好處同樣非常豐厚——你將會得到更多你想要的。

08 凡事想想為什麼，如果不做會怎樣？

前面提到了「固執」，我們就沿著這個話題來說說如何「想通」。

我們為什麼要彙報工作？我們為什麼要寫總結？我們為什麼要開會……類似的很多問題似乎很無聊，但認真思考過這些問題的人，往往就不容易鑽入「牛角尖」之中。遇事先想為什麼，這是一個非常富有價值的職場心理習慣。

如果一件事，會讓你糾結做還是不做，那請你暫且相信我，首先請不要著急做，因為你的潛意識並不會讓你做好這件事，這時候你需要思考一番。

這麼說似乎又不是太對，人類的進步源於不斷的嘗試，

如果都保持這種態度，那麼很多人豈不就止步不前了？話題還是要回到——你為什麼會糾結「做還是不做」。

你之所以會糾結，是沒能對做這件事的投入和產出進行有效的評估，很多事情並不只是它表面上所顯示出來的價值。舉個例子：打籃球本身可以健身、減肥，這就是表面的價值，但它實際上的價值卻遠遠不止如此。我們透過打球可以鍛煉自己的心肺功能，培養自己快速的反應能力，而且團隊間的彼此配合，還可以鍛煉自己的合作能力和大局意識。同時，你還可以透過這個平臺認識更多的朋友，同時，兩隊對抗，可以讓你有更好地面對挫折、戰勝挫折的能力，也進一步激發了你的競爭欲望和上進心……類似的好處，不勝枚舉，展開了說可能還得好幾頁紙。所以說，當你評估一件事的時候，你也得先問問自己，我真的做了完全的收益和風險評估了嗎？當你做了各種各樣的評估之後，你還是猶豫、糾結，那麼再回到這段話的開頭，等一等再做也不遲。

如果遇到了不得不做的事情時，不妨想想「我如果不做這件事，會怎樣？」這不但是防止你遭遇固執的職場心理習慣，也有利於初入職場的你在心態上找對角度。心態的角度一旦正確了，你就很容易成為那種做事討巧、效率更高的人。

這個世界上哪來這麼多感興趣的事情呢？很多時候啊，就是被逼迫著不得不去做。而且，很多東西做著做著，就會產生興趣，就是我們常說的「一開始沒興趣，到最後上癮了」。

這裡面後半部分有詳細的心理學解釋，人透過良性的回饋和自我實現，能夠萌發強烈的興趣和行為動機。然而，前半部分的事情也是需要解決的——只要經過代價和風險評估，那就放手去做好了。

我在自己的本職工作裡，一直扮演著多面手的角色——不但自己專業技術領域的事情要做好，其他諸如行政、人事、市場、宣傳、維修保障、外聯等工作都有涉及。這樣固然是頂著「能者多勞」的光環，但總歸會有一些時候是感到很累的。每當有本職之外的工作找到我，我就會問自己——這事兒我必須做嗎？如果不做會怎樣？

這時候我面臨的答案和處置方式就有兩種：如果此事沒什麼意義，或者這事兒我不做還會有其他同事來做，那麼我就可以先緩一緩，優先處理自己本職內的事情。有時候，你適當地拒絕或者暫緩，可以使得更專業的同事能夠接到這個任務，而你自己也獲得了時間和工作量上的解脫。

但如果這件事情本身有意義，而我不做就沒人做了，或者是最終不得不由我們老總來出面解決，那我還是做了算了——總不能讓整個部門乃至公司，因為這麼小小的一件事卡住，這既不利於集體的業務發展，自己也落不著好名聲。

09 維繫好你的職場情緒

如何在複雜情況下保持工作效率？

在飛行科目的設置上，有一個術語，叫作「複雜氣象飛行」。這個術語源自軍方航空兵，是指在天氣情況不利的時候，繼續保障安全飛行。在工作中，難免也有類似的「複雜氣象條件」，我們顯然都希望自己在各種情況中都能夠不受影響，維持一個良好的工作情緒，但是，究竟該怎麼做呢？關注於局部過程，而非最終結果。

在面臨大事件、高壓力的時候，人的情緒更容易失控，尤其對於職場新人來說，此時控制情緒是很有挑戰的事情。相對於職場，職業體育賽場上的類似的關鍵時刻也是會頻繁出現的：一個球，往往就能決定一支球隊一年的成敗，可想而知，情緒控制對於職業運動員們來說，必然是一個重要的素質。我們來看看運動員們是怎麼處理這種情況的吧。很多賽前採訪時，我們總是能聽見運動員說「我不去想太多，就專注於比賽本身，將球打好就行了」，實際上這番話就是複雜情況下控制情緒的最好辦法。

關於情緒控制，有個著名論斷「瓦倫達心態」。它緣自一個真實的事件。瓦倫達是美國一個著名的鋼索表演藝術家，技術非常高超，在不繫安全繩的情況下也能完成高空走鋼索。有一次在為重要的客人獻技時，他卻發生了意外。當時，到場觀看的有很多美國知名的人物，所以這一次的演出成功不僅能讓他在馬戲界聲名大噪，還會給馬戲團帶來前所未有的支持和利益。但令人始料未及的是，他剛剛走到鋼索中間，僅僅做了兩個難度並不大的動作之後，就從高空中摔了下來，不幸殞命。

事後，他的妻子在悲傷中描述到瓦倫達的反常——「我知道這次一定要出事」。之前每次成功的表演，他只是想著走好鋼絲本身，不去管後續的結果和其他事情。但這一次瓦倫達太想成功，過於患得患失了。如果他不去想這麼多走鋼索之外的事情，以他的經驗和技能是不會出事的。

類似的情況還發生在著名射擊運動員馬修．埃蒙斯身上。埃蒙斯出生於獵人之家，射擊可以說是祖傳的技能，他也曾在二〇〇一年世界盃一人包攬男子步槍三個項目的金牌，隨後又獲得了二〇〇二年世錦賽臥射冠軍、國際射擊運動聯合會世界盃冠軍、二〇〇四年國際射擊運動聯合會世界盃冠軍。

看到這裡你肯定也在想——這位射擊大神拿了這麼多冠軍，為何沒有奧運冠軍呢？

馬修斯並非沒有參加奧運會，實際上他還多次進入決賽，但是，他在奧運會上總是會因為最後一槍的失誤而錯失金牌。二〇〇四年，在雅典奧運會男子步槍三姿決賽上，他前九槍領先對手三環之多，但最後一槍居然把子彈打到了別人的靶子上，把近在咫尺的金牌拱手讓給了中國老將賈占波。在隨後的北京奧運會、倫敦奧運會上，他一再上演這個劇情，在最後一槍打出非常糟糕的成績，可謂「有金牌選手的實力，但是沒有拿金牌的命」。

我們不知道馬修斯在決賽最後一環時想了什麼，也不知道瓦倫達當時走鋼索的心態起伏，但是，心理學用無數個實例和理論推導告訴我們——在「大場合」來臨的時候，你需要專注於事情本身，而非這件事可能帶來的結果，唯有如此，你才能把事情做好——起碼能做得和平時一樣好。

知情帶給你勇氣

說到關鍵時刻的「心理崩盤」，就不得不提及一個現象「未知恐懼」。

雖然我們常說「無知者無畏」，但這句話描述的是人對危險毫不知情的時候，那種沒有預料到困境的勇氣。在職場中的絕大多數情況下，我們不可能完全無知，所以，真正讓你勇敢的，是知情。

也許很多人都有過類似的感受——如果讓你蒙起眼睛在空曠的操場上走路，即便周圍沒什麼人，你也會患得患失、小心翼翼不敢邁開步子。一旦把眼罩取下，那自然就可以放心大膽地自由奔跑。這其實是源自我們的一種生理本能，是經過億萬年自然淘汰所留存在基因裡的反射機制。但如果不想被這種恐懼所支配，就應該盡可能地讓自己知道更多的資訊，這就好比取下眼罩、睜開眼睛。所以，我們應該不斷學習，不斷積累經驗——因為這些知識和經驗，能在關鍵時刻給我們帶來勇氣。

說到這裡，又不得不再次強調一下「訓練有素」。訓練不僅僅可以讓人的動作變得更加協調和嫻熟，而且還能一遍又一遍告訴你：這件事情的進展情況是怎樣的？它會出現什麼結果？一個經受了良好訓練的人，自然就能夠產生豐富的「知情儲備」和預判能力。有了這些，勇氣也就有了產生條件。他不論是從自信心上還是在最終效果上，都將有更好的表現。

當然了，這裡面我們也必須強調——這種訓練需要一種有目的性、有針對性的、系統化的訓練，因為盲目訓練後，人的感知覺並沒有得到充分的調動，在這個時候你消耗了時間、消耗了成本，卻並不一定能夠帶來足夠的「知情」。那種反覆的、無意義的訓練迴圈，並不能給你帶來額外的勇氣，反而會使人產生沮喪消極和否定的情緒，所以，接受訓練盡可能要正規，這個正規不一定非要花更多的錢，也不一定要請專職教練，但是你還是得多花心思。

不被帶跑偏的智慧

情緒，不僅僅是一個人的內心過程，實際上，我們的情緒經常會被他人和外界所影響，甚至被控制。

曾經有一個有趣的實驗：

一張一美元鈔票，竟然能夠拍賣出六十六美元，而且，這張鈔票，只是一張普通的一美元，並沒有特殊的收藏價值。這個遊戲的拍賣規則有些特殊——每次叫價的增幅以五美分為單位，出價最高者能得到這張一美元，但是，出價最高和第二高的人，都要向拍賣人支付出價數目的費用。

正是這個規則，見證了人的情緒中脆弱和負面的部分。一開始報價沒什麼，都是幾美分的增加，但經過幾輪博弈之後，價格開始逼近一美元，全場也只剩下兩位競拍者還在不斷提升報價，當其中一位價格達到一美元後，情況出現了微妙的變化——兩位競爭者沉默了一會兒，發現情況有些不對勁，不論是誰贏得競拍，都已經無法盈利。

但是，出價第二的人不但無法盈利，還會白白損失自己的叫價，所以，競拍價格又不斷開始走高……

在「一美元拍賣」的多次實驗中，研究人員發現：最初人們的出價是因為有趣或者有利可圖，但是隨著價格接近一美元，大家開始意識到這個規則其實是個陷阱，但已經難以全身而退。這時候就試圖透過繼續加價來迫使對手退出，但每個人都這麼想，結果價格不斷攀升。最後，當價格非常高時，競爭者變得焦慮不安，並且深深後悔，覺得自己很荒唐，但是已經難以自拔。這種心理正是人類在很多現實狀態下心理的一個折射。例如，有的人只是覺得想嘗試一點趣味而參加賭博，結果不幸輸了一些錢，於是又繼續加注希望在下一局贏回來，但結果是越賭越輸，越輸就越想從賭博中撈回，進入惡性循環狀態，直至最後輸得精光。

這個實驗在美國幾所高校進行了多次實驗，最終的報價竟然高達數十美元。以遠遠大於一美元的代價去競買這一美元，顯然不是明智之舉，但這些名校的學生依然做出了這樣的舉動，可見人會被這種情緒所「綁架」。從一開始，就不應當加入這個騙局中，避免自己不斷被人帶跑偏，最終陷入「從糟糕和更糟糕之間做選擇」

的被動局面中。

在生活和職場中不要固執，因為「聽人勸吃飽飯」。但是，在這裡還要提一下「不要被帶跑偏」，就是不要別人勸什麼就信什麼。從表面來看，好像很矛盾。其實兩者完全不同，在這裡給大家幾個區分的標準，讓你可以快速判斷什麼是帶跑偏、什麼是聽人勸。

首先，你要瞭解對方的利益牽扯，如果說對方和你之間的利益牽扯非常小，那麼對方想要把你帶跑偏的機率就會大一些，而如果對方和你的利益牽扯是多方面交織的，對方就不會輕易地做一些傷害你、欺騙你的事情。

這個時候他給出來的一些語言很可能就是一種良性的勸導。反之，如果對方僅僅是跟你做「一錘子買賣」，今後基本再也沒有相遇的可能了，那我們在聽其勸告的時候，就不得不留心了。

當然了，區別「聽人勸」和「帶跑偏」這個事情的關鍵還是在你自身。只要你有足夠強大的分辨能力，我想這一切都不是問題。如何去培養這個分辨能力呢？你可以聽其言、觀其行——所謂的聽其言，就是不僅僅聽對方說了什麼，還需要聽對方沒說什麼。在一個推銷工作者的口中，只要你給其足夠的時間，他一定會把產品所有的優點都淋漓盡致地說出來。同樣地，他沒有說出來的部分基本上都可以暫時推定為缺點。

同時，我們也可以透過這個人的語言風格去觀察他的一些性格。一個直爽的、真誠的推銷員，他的語言氛圍是可以被你感知的，反之，一個人的虛偽做作也是能夠被感知的。不僅僅是語言，其行為也是可以被觀察的，比如美劇《別對我撒謊》。透過這些動作，你也能夠看到對方是不是真誠，是不是訓練有素，是不是足夠的專業。

如果說非要給「聽人勸」和「帶跑偏」之間畫一個界限，「臣妾還真是做不到」！因為這無法給大家一個特別簡單粗暴的、公式化的東西。更多的時候，是一個人在堅持和固執、聽人勸和帶跑偏之間來回地擺動。

很多時候，我們要學會在不斷變化的過程中找到一個最佳的平衡，從而讓自己的風險盡可能地降低。

第三章

語言：情商高，就是會說話

會說話，會聽話

語言，作為傳遞資訊最為高效、便捷的方式，在整個人類社會的進步中都扮演著重要的角色。

一句話得罪人的例子，在職場中比比皆是。正是這些例子，給了廣大職場人學習如何說話的動力。如今我們打開各種 app 之後，就能看到很多教你說話的課程。我不去評價這些課程好還是不好，也不打算給大家推薦什麼課程，只是覺得這種課程的出現是個好現象——起碼更多人開始重視語言的使用了。

但是，在聊如何說話之前，還是得先說說如何聽話，我的意思是：怎樣正確地理解別人的語言，怎樣從語言中恰當地識別對方的意思。

01 為什麼你說的話別人聽不懂

就在前幾天，帶著幾位同事一起去附近的早餐店吃早飯。豆漿端上來之後，主任姊姊對新來的機械員小夥子說：「你要不要拿個杓子？」機械員小夥子一臉納悶：「啊？什麼……哪……哪邊潮濕？」我啞然失笑，他們之間的空氣突然安靜而尷尬了起來。

在我這個旁觀者聽來，主任姊姊的發音足夠準確，也沒有什麼方言口音，而且在豆漿端上來的時候，互相遞杓子是我們經常做的事情，這句話理解起來非常容易，但這位機械員怎麼就聽不懂了呢？

問題就在於，雖然我和主任都經常一起吃早餐，但機械員兄弟卻是第一次和我們一起吃早餐。他並沒有融入我們經常發生的語言環境之中，粗糙一點來說，他還缺乏一些默契，所以跟不上我們的語言節奏。

其實類似的「尷尬瞬間」案例還有不少，每個人都會有很大機率遇到。每次遇到這種情況，筆者都會在內心高呼一句話：怎樣去聽懂對方的表達，哪怕是很平常的一句話，其中也有很大的學問。

如何去聽話？人在什麼時候容易聽不懂別人的話，這些問題的回答，都對應著一些語言心理和表達方法。首先，在對方開始表達之前，你應該對他（她）形成了注意。

此處的「注意」是指：你意識到了對方的存在。

你能預想到對方將要開始說話（或者說你做好了對方隨時說話的準備）。有了這兩點，你就能很快地進入狀態，做好了捕捉對方資訊的準備。如果說沒有做到這兩點，那麼你可能會陷入一種意想不到的狀態（比如說嚇一跳），而且整個神經系統也需要額外的調整時間，這些都是你理解力的敵人。

其次，在對方進行表達的時候，你需要弄清周邊的客觀環境，並且盡可能地和對方同樣瞭解眼前的環境。如果說你比對方更瞭解當前環境，通常你這邊就不會出現理解出錯的狀況。反之，如果對方比你更瞭解環境，那麼你就要有所準備，因為對方說某些事情的時候，是順理成章的，但你可能沒有概念。

而且，在對方進行表達的時候，你最好能看到對方的面部表情、肢體動作和重音。和冷冰冰的機器人語言不同，人的語言是從說話者的心理出發，然後轉換為聲音信號輸出的。這個聲音信號，伴隨著很多資訊，比如語氣和附加的肢體動作，所有這些資訊整合起來，才是說話者內心想要表達的內容。我們在聽的時候，也盡可能地要把這些附加資訊都吸收到。這裡有個有趣的案例——「愛一個人好難」。雖然只有六個字，卻有很多解讀和歧義，但只要你搞清楚重音的使用和識別技術，就能弄清楚對方究竟在說什麼了：

愛一個人好難：對方可能比較冷酷，去愛一個人不容易，但是會輕易恨一個人；愛一個人好難：對方可能比較花心，會同時愛好幾個人，想專一地愛一個人不容易；愛一個人好難：對方可能更喜歡動物或者物品，但是對人就比較糟糕；愛一個人好難：對方是在表達愛這個人的不容易。實際上，聽《愛一個人好難》這首歌，分析歌詞之後，你會發現作者所表達的是這個意思，既不是冷冰冰的撲克臉，也不是花花公子，也不是戀物癖，只是在陳述這種艱難的過程和為難的心情。

換言之，作為說話的人，想要讓對方更容易聽懂你的話，也要遵循上面的幾個方法，努力給對方營造理解你語言的環境。作為一名曾經的老師，現在的教員，我非常注意這些表達的心理要素，努力讓對方能夠在知識資訊不對等的情況下，也能夠充分地理解我的表達，並且轉化為他們自己的知識和技能。

在飛行教學中，由於教員和飛行學員之間往往存在很大的飛行經驗差距，所以很容易出現類似於一開始機械員「遞杓子」的理解不準確情況，這對於飛行學員理解和學習是不利的。所以，我們飛行教員在飛行教學中，要盡可能站在學員的飛行經歷上來說話，避免出現過於抽象的語言，盡可能把話說細、說清楚。

飛行學員去聽也是有要求的，就是不要不懂裝懂，避免自我猜測教員的意圖，以防有誤解。這樣的策略完全可以適用於職場，做領導的需要說仔細些，做下屬的需要多問多證實，彼此間的溝通就不容易扭曲。

多說一句：在飛行中出於安全考慮，是要高度講究表達的清晰和收聽的準確的，而在空中管制過程中，由於電波傳播的複雜因素，難免會出現信號失真和衰減，再加上人們口音的不同，就會發生誤聽差錯，因此，我們在進行陸空通話之間有一個「複誦」要求，即對方說一句話後，我需要重複這句話給對方聽，以確保資訊沒有被誤讀。同時，我們對容易混淆的字眼都採用了不同的說法。

02 讓對方把話說完

懂得察言觀色，是職場高手的必備能力。作為缺乏經驗和人生閱歷的職場新人，應該如何提高自己分析判斷環境的能力呢？

長期的方法自然是很容易給出的：我們要努力增加自己的閱歷，積極地尋找機會提升自己、鍛煉自己。

但是，短期內的提高也並非束手無策，這裡有幾個建議給大家：

第一，多接觸工作的各個環節。

醫院的醫生剛剛入職時，通常會有一個「串科室」的階段安排。在這個階段裡，新入職醫生要去各個科室見習觀摩。這種「串科室」的安排，能夠在短期內提升醫生的全域意識，也保障了各個科室、各個職位之間的準確、高效協同。

職場新人也可以尋覓機會，去感受和觀察部門內外各個職位的工作日常，如果條件允許的話，甚至可以動手參與他們的部分工作。對於自己工作職位的上下游，也是一樣，如果你是個礦泉水瓶的研發職位，你可以去上游瞭解塑膠製品行業，去下游瞭解瓶裝水銷售行業。這樣，在聊到相關技術問題和商業談判的時候，就不至於顯得那麼一問三不知。

第二，早一秒加入對話，多一分主動心情。

在多人制對話裡，後加入的人往往理解能力最差，這是由於後加入的人需要一個額外的熱身過程，才能對已經形成的語言環境有比較全面的理解，但是，往往在這種多人制對話裡，不會專門安排時間給你熱身。所以，我們要盡可能地在一開始就加入一段對話，避免自己後期「雲裡霧裡」。

同樣的道理，一個工作，也是一開始就接手比較好，半途插進來，難免容易消耗更多精力。凡事宜趁早，這在說話、聽話方面也是如此。在必須半途插入某個工作的時候，就看誰平時多聽多看多留心了。

第三，讓對方把話說完。

我曾經看過一個訪談類電視節目，其最大的特色就是訪談時間很長，節目策劃人也說了：「讓他把話說完。」這樣，就不至於讓對方急匆匆地表達，因為短促的表達無法承載太多資訊。就比如說「你去買幾瓶水」這句話如果是領導交辦下來的，你不妨等他繼續表述，到底買幾瓶、做什麼用途、買什麼牌子的……如果領導沒說清楚，你再去問。所以，這等待幾秒讓領導說完的時間，就富有意義。

03 不懂討價還價，要麼累死，要麼出局

「討價還價」也好，堅持原則也罷，這些工作的本質，都在於「說服」。如何說服領導，是一門非常高深的功夫，其中涉及多個因素，它們共同作用才能讓你做成這件事。雖然說服領導非常有難度，但一旦能夠把領導的思維理念做通，你收穫的效益也是顯著的，所以，掌握在某些情況下說服領導的技巧是職場人士必備的技能（每一次都成功那是幾乎不可能的，如果你真的想要達到每次都成功的境界——對不起，臣妾做不到啊）。

我們在其他情況已經無法改動的時候，運用更好的心理學技巧和行為，可以為你助一臂之力，讓你提高成功說服的機率。

「示範」會有驚喜——鏡像神經元的刺激

你可能會有一種感覺，在聽到或者看到別人在做一個動作的時候，你偶爾會不由自主地去模仿這個動作，這就是鏡像神經元在發揮作用。在人類及少數高級動物的神經系統中，存在著「鏡像神經元」這個小系統。經研究發現，人類的鏡像神經系統更加發達，這是我們模仿的基礎，也是你說服對方的一個心理學利器。

在嘗試說服某人的時候，你最好能夠進行示範——把你想要的場景或者效果「演出來」。這麼做不僅僅是讓對方看到實際效果，而且還是在進行示範，對方在潛移默化中會有模仿你的趨勢。比如說：如果你希望領導滅掉手裡的香菸的話，你也可以拿出一支菸然後滅掉。這樣對方就會有較高的機率也去滅掉菸。

重複確認

當領導在思考你的建議時，如果他（她）透過語言表達出了一點點認可的意思，你需要及時跟進，透過語言來重複他（她）的這番話，這就是重複確認。還是拿滅香菸舉例子，比如領導說「這裡似乎不能抽菸」，你就可以及時跟進一句「是的，這裡似乎不能抽菸」。這種重複確認，可以鞏固對方在猶豫期的決策行為。當然，在進行語言重複確認的時候，要當心有些敏感情況，具體什麼時候敏感，就要靠你平時的觀察積累來幫忙了。

避免「當老師」

雖然大部分勸說都是基於善意，但是善意也是有一定傷害性的。古語說「人之過在好為人師」，這句話就是在提醒我們，不要擺出一副高高在上的姿態，在勸說領導的時候尤其要注意這一點。當我們進行說服的時候，要儘量避免讓對方感到你在教他（她），避免使用否定對方的語言，這樣就能使勸說行為更加被人接受，不易引起對方的「防禦機制」。

04 不怕下屬天天鬧，就怕領導開玩笑

「不怕下屬天天鬧，就怕領導開玩笑」，這句職場打油詩，是有幾分道理的。領導因為自身角色的特殊性，他的玩笑語言常常會給聽者產生不一樣的效力，同時，領導的玩笑話中，有些成分是有意、認真說出來的，所以也應當引起重視。

領導開玩笑分幾種情況，比如說在大會上開玩笑，在單獨談話時開玩笑，或者在工作之外開玩笑。玩笑裡到底有幾分真、幾分假？到底哪種玩笑是純玩笑、什麼時候是借著玩笑說真話？我們基於語言背後的心理，來做一番推敲。

在分析陌生英語單詞含義的時候，有個手段叫「借助上下文推測含義」，這種思路同樣適用於解讀領導的玩笑話。舉例說明一下：假設在會議上，領導長時間批評了某位同事，隨後這位領導開了個和批評內容相關的玩笑，這時候，玩笑話顯然

就是意有所指了。

什麼時候的玩笑才是完全沒有針對性的呢？通常來說，如果偶發性、刺激性事件導致的玩笑，就不太具有針對性。比方說路邊突然有個人滑倒了，如果此時有人拿這個開玩笑，雖然這個行為可能不太仗義，但這種玩笑基本不針對人，你也就可以放鬆起來面對這一番玩笑語言了。

05 你永遠叫不醒裝睡的人

我在進行心理諮詢的時候，遇到過很多遭受這種情況的朋友：就是無論你如何絞盡腦汁、如何努力都無法取得領導的滿意。這種情況下，分析事情的成因固然是很有效的措施，但我認為：並不是所有不滿都是看得出原因的，因為有時候這種不滿的起源很微妙，也不會被表達出來。

在此，我給出的建議是：盡可能在你獲得肯定多的領域做事情，努力避開那些你容易挨批評的事情。獲得肯定，可以是領導對你的工作滿意，也可以是雖然不滿但感覺你有進步。而總是獲得否定的地方，還是最好能夠另請高明——如果你可以轉交給其他同事，那就轉交好了，實在，也可以考慮嘗試外部協助。

有時候，同樣一件事，哪怕做出了同樣的結果，不同的人來執行也會得到領導不同的評價，這裡面就有領導前期固化的一個潛意識在起作用，小李如果在領導心裡是會做這種事情的人，那麼他做起來可能贏得肯定的機率就大。反之，如果領導本來就認為小張做不好這件事，那麼小張即便做好了，獲得的最終評價也會偏低。

沒辦法，領導也是人，也有先入為主這些主觀的人性弱點。

06 讀出什麼是真為難，什麼是婉拒

曹丕想要謀權篡位，但幾次暗示漢獻帝禪讓給他，然後曹丕還得幾次假意拒絕。這種來來回回看上去很不乾脆，但在當時的禮法和公眾評價的氛圍中，是必然要這麼做的。事情放在今天也是一樣的道理，很多時候，對方拒絕一些好意、好處，是迫於現實環境和輿論的壓力。而你能否準確判斷對方到底是不是真的拒絕，就需要一些心理學基礎了。

通常，如果拒絕的語言非常具體，往往就是真的拒絕。如果對方的拒絕含糊不清，就是婉拒。比如說：如果你請某人到你家做客，如果他說「對不起，我今晚九點還要去×××那裡幫忙搬家」，這種拒絕理由雖然未必真實，但足夠具體，所以就是真的在拒絕。而如果對方說「還是別了，我今晚有事」，這時候，你不妨再邀

請一次。

其次，如果拒絕是發生在公共場合，這時候夾雜的因素就更多了，如果對方在一對一的對話中表示拒絕，通常說明對方比較誠懇。所以我們在發出一個邀請或者請求的時候，如果你想要對方答應，盡可能地營造獨處的場合。

最後有個建議——做出邀請或者請求的時候，盡可能一鼓作氣，避免反反覆覆。我們都會有一個經歷：當你為一件事吵架了，如果你在衝突當場吵不贏，之後再理論就更吵不贏了。類似的道理，當場如果被人拒絕了，事後再扳回來，就更難了。所以，我們在開始徵求對方同意的時候，語言再懇切一些，內容更具體一些，方式方法更注意一些。

07 說話的關聯原則

提到職場語言，大家都認為這是和心理學有關的，很多人也在長期關注「工作中如何說話」這個問題，在微信和抖音等網路平臺上，類似於教你如何說話的課程有很多，課程中的老師們通常會穿插大量的心理學研究結論。這些都充分印證了職場語言和心理學的高度關聯，然而，我想說的是：傳統心理學和職場語言之間，固然有高度關聯，然而距離還是相當遙遠的。這就好比是一道數學幾何題目，現有的條件和幾何公理未必能直接幫你看出答案，你還得做一些輔助線，才能推導出來。

其實，早就有《語言心理學》這本書，不過，我保證大部分讀者拿到那本書會看不懂，即便看懂了，也會發現那本書對指導職場語言的作用不大。為什麼呢？難道是因為那本書的作者水準不夠？顯然不是。看不懂這本書，或者覺得這本書作用不大的原因在於：這本書裡面沒給你足夠多的「輔助線」。

我們從實用的角度出發，不必讓大家再花心思去做這些研究推理，而是直接給出「輔助線」，這些輔助線就是隱藏在職場語言背後的心理關聯原則，把那些心理學和職場語言之間的關聯原則，用最簡單的方式告訴大家。

在解答數學題的時候，我們常常會進行題型分類，也會把常用的輔助線做法進行重點講解。實際上，職場說話的難度和複雜度，並不亞於數學，好在經過大量的總結，也能發現經典的「輔助線做法」。這裡，我建議大家每個人都建立一套自己的「輔助線裝備包」，透過你平時的職場積累，把適用於你的、最常見的幾種職場裡的「語言心理輔助線」明確下來，幫助你今後更輕鬆地掌握職場語言的使用規律。

這裡也圍繞做彙報這個主題，給出一些我總結的「輔助線」。

第一種輔助線——做彙報

我站在聽取彙報者的心理，為大家總結出了如下的彙報經典流程。

首先，先說結果。既然是彙報，那麼聽者最著急知道的肯定就是結果。除非是在彙報過程中有人追加提問或者質疑，這時候你要進行一些解釋說明，如果結果在預料之中，而且你彙報完後對方沒提出疑問，那麼彙報就可以這樣簡短結束。

第二，給意見，給建議。如果彙報的結果本身不夠理想或者出乎意料，這時候聽者的心理本能就會去尋找原因，也就是說，此時你要給出適當的解釋。但在給出解釋之前，你應當想到解決方案。

因為解釋可能會被誤解為辯解、找藉口。指出問題是容易的，但領導更希望知道你打算怎樣去解決這些問題。如果你彙報了一個不好的結果，通常領導就會追問，此時如果你無法回答對策，場面就尷尬了。

第三，使用嚴謹、理性的表達方法。怎樣才算嚴謹理性呢，送大家十個字：「避免絕對化，對事不對人」。讀書的時候估計很多老師都跟大家說過「在選項裡出現絕對化的表述，那麼這個選項就要格外小心，它很可能是錯的」，為人處世也是一樣的道理，如果我們對一件事輕易地下絕對結論，那麼我們後面就可能就變成了說錯話的人。常見的絕對化詞語有：絕對、總是、每次、必然等。雖然結果很可能會跟著我們的判斷來走，但即便你對了，領導也會覺得你這個人比較武斷、草率，而一旦你判斷失誤了，這個感覺就會被強化。

「對事不對人」是我們職場語言中的一個很必要的注意點。為什麼我們要避免針對人（即使用人格化語言，例如「某某就是個混蛋」、「他們不行」、「×××心眼太小」）呢？這就涉及人的情緒了，當我們表達出人格化語言的時候，聆聽者容易感到你帶有情緒，對你的信任度會降低。而且，聆聽者本身可能和你彙報的這個人有利益或者認同感。當你的情緒化表達出現的時候，聆聽者的抗拒心理也會被激發，這時候，你的彙報效果就會大打折扣。所以我們彙報工作的時候可以對事，但不能對人，你可以說「在這個項目上他們沒有做好」、「××提出的這個設想失敗了」，請注意，這些表述中，最終的主語都是事情，而不是做這些事情的人。

最後一點，就是簡明扼要，不拖泥帶水。領導聽取工作彙報的內心出發點，是獲知審視工作的進度和結果，並據此進行工作評價，以便進行後續工作的安排和應對策略。所以，我們的彙報不要「拖泥帶水」，說明達到了怎樣的工作結果，過程中遇到了什麼困難，困難是否已經克服，可能還存在哪些隱患就可以了。按照這個風格來說，你的工作彙報語言，就會給自己的職業形象增添亮色。

這裡還要一個小建議：在自己狀態比較糟糕的時候向領導做彙報。為什麼說要在自己狀態比較糟糕的時候做彙報呢？原因有兩方面。

第一，狀態糟糕的時候，人說話一般比較謹慎，不容易誇下海口、大言不慚，這就可以避免你在壓力下不小心向領導承諾一些難度係數太高的事情，可以為後面的工作減小壓力和犯錯的機率。

第二，在這種情況下，你「顏色憔悴、神情枯槁」的樣子，很容易讓上級聯想到你為這份工作所做出的大量努力，可以為自己贏得一些「感情分」。當然了，這種「狀態糟糕」也要有個限度，如果某些時候你極度沮喪甚至連話都說不出來了，那還是稍微舒緩一下比較好。

什麼事情該彙報？

在松下幸之助手下工作了三十年的江口克彥，在《我在松下三十年：上司的哲學，下屬的哲學》中曾經指出：

「對於上司來說，最讓人心焦的就是無法掌握各項工作的進度……如果沒有得到回饋，以後就不會再把重要的工作交給這樣的下屬了。所以要知道，雖然只是一個簡單的彙報，卻能讓你得到上司的肯定。」

既然彙報工作如此重要，究竟在哪些境況下必須彙報工作呢？

第一，在做好工作計畫後，立即向上司彙報工作計畫，可以避免大方向上出現問題。這樣不但可以讓領導了解計畫內容，還可以審時度勢，從大局出發指出計畫的問題所在，做出有益而有效的修改，避免你在工作開始後做無用功。

第二，當工作出現意外時，我們要及時彙報，尋求領導的支持和幫助。通常來說，我不建議大家隱瞞意外，把意料之外的情況及時彙報，可以防止事情的不利局面擴大，最終導致無可挽回的錯誤。

還有一點就是，事情完成後及時讓領導知道工作結束，最好能把整個活動具體的來龍去脈向領導彙報，如果來不及，簡單說一聲「完成」也是可以的。因為你把完成結果及時告訴領導，可以讓領導儘快放心，營造一種值得信賴的形象。這麼做還有利於領導授權你更重要的任務和工作。

行動在彙報之前

工作彙報有個原則，就是要「行動在前」。行動在領導前面，意味著我們彙報工作時，不但能達到領導的要求，還能超過領導的預期。什麼事情都沒準備好的彙報，不叫彙報，只能說是「靈感直播」。時間長了，對方會覺得你的話都是無準備的發言，容易引發對方的不信任。

08 職場語言使用案例

案例一：托人幫忙

托人幫忙，尤其是請不熟絡的同事幫忙，大概是職場裡最常見的「糾結高發場景」。

去年的時候，我幫了一位同事的忙，結果弄得一肚子氣，到現在想來都不痛快。

事情是這樣的：好朋友得知我外出做報告可能路過南京，就託我幫忙去南京取個票。誰想等我到了取票處，工作人員說我持有的資訊不足無法取票。對方又怎麼都聯繫不上，最後不得不拖延了很長時間，導致原來的行程全部被打亂了。我本就是個急脾氣，辦事力求順利流暢，更何況出門在外，更加容易急躁。於是當電話接通之後，我就衝著好朋友一通抱怨。

雖然好朋友之間不會因為幾句發洩而傷及感情，但發生了不愉快，是誰都不希望的。事後想一想，這也是好友對請人代辦事情的經驗不足所致。所以，在遇到此類情況後，與其為此耿耿於懷，倒不如把相關的注意事項寫下來，也好避免以後因為類似的事情而產生不愉快。

人的時間和精力都是有限的，很多時候，我們都會面臨著「分身乏術」、「力不從心」的情況。這個時候，請人幫忙，就是常見的選擇了。但有些事情一旦讓別人替你來辦，就會引發很多意外的狀況。這裡面，既有思維方法的差異，也有資訊傳遞的誤差。請人辦事究竟需要注意些什麼？

首先，最重要的一條，就是「提前」。古話說：「凡事預則立，不預則廢。」這對於托人幫忙亦然。預先告知對方，有諸多好處，也是尊重的體現。

第二，盡可能早地聯繫被委託人，可以獲得時間上的充裕，讓對方能更好地安排自己的日程。這樣一來，如果是單純請人幫忙的話，對方也會比較願意協助。

第三，聯繫得越早，隨後交流溝通的時間就越長，這就有利於保障代辦處理結果，避免對方在倉促中留下什麼缺漏。

第四，有的事情，未必是一次性能夠完成的，早聯繫，早行動，一旦出了什麼意料外的問題，也能有補救的機會。

作為委託人，你要關注的就是「充足」。除了前面所指的時間上的充足，還要強調資訊和保障上的充足。對於託人辦事，我個人傾向於「安全冗餘」原則（這一概念源自航空器上的安全備份設計），即要確保自己提供的資訊不但能夠充分滿足行動，還要多角度地提供多餘的資訊，以便輔助對方開展工作。這主要是考慮到人與人思維的異同。舉個例子，如果是指路，除了講清楚「東西南北」之外，我還會再說一遍「前後左右」，以確保不同方向感的人都能輕鬆到達目的地。

而保障上的充足，主要就是指資金和服務支援了。個人建議，在對方開始幫忙之前，你就應當把所用到的錢款匯給對方，而且最好能多給一些，以防出現意外事件。如今電子支付如此發達，讓對方先墊付總歸有些彆扭。做好了這一點，不但能讓「手頭緊張」的被委託人免於尷尬，也是尊重的體現。同時，如果事關重大、行程緊張，你也不妨在網上給對方約個專車、安排好住宿等等，一系列小的動作，不但有利於保障事情本身，還能讓對方感到你的心意，幫起忙來自然會格外用心。

信任，也是非常重要的事情。對於一般的委託事件，尤其是被委託人有一定經驗的事情，最好加一句：「如果有來不及溝通的情況，你隨機應變就好，事情既然已經拜託給你，我自然相信你的決策」。

當然了，這份信任，是建立在前期溝通充分、保障有力的基礎之上的，如果對方缺乏經驗的話，還是全程叮囑為宜。我也是個經常幫親朋好友處理事情的人，幫忙別人辦事最大的心理負擔就是，怕辦完之後委託人不滿意，到頭來自己「出力不討好」。

如果委託人能給予那種全權決定的主動權和信任感，我們作為被委託人就能減少很多不必要的壓力，最終有利於事情的完美解決。給予對方信任，還有一個額外的好處，就是減少溝通和等待成本。每個人都有不方便接電話、發訊息的時候，當對方擁有了足夠的信任，就可以自主決策，而不是一次又一次地給你打電話詢問，搞得雙方都麻煩。

最後一條，很簡單，但也很關鍵，那就是「客氣」。凡事都應該禮貌，請人代辦更是如此。不論是別人的分內之事，還是請人家伸出援手，哪怕關係再好，客氣一點總歸沒錯的。有些人常常會認為分內之事就不需要表達謝意，這是不可取的——就算是別人理所應當的事情，我們也應該明白對方是在幫你解決問題，如果態度傲慢，對方很可能會應付了事，最終吃虧的還是自己。多說幾句「謝謝」「辛苦您了」，並且在事後予以再次的感謝和肯定，會讓對方有愉快的體驗。

以上所有原則，說到底就是四個字：「將心比心」。既然是請人代勞，那就應該站在被委託人的角度，設身處地地想好對方需要的各方面支援和可能面臨的問題，這樣才能做到有備無患。一樣的道理，如果是你幫對方去辦事，也要盡可能準備周全，把各方面的情況都問清楚。

案例二：新東方的年會節目

二〇一九年年初，北京新東方學校年會上，一個名為《釋放自我》的節目徹底火了一把，這首改編自《沙漠駱駝》的幾位年輕員工吐槽新東方內部管理問題的歌曲，在迅速火爆網路的同時，居然還贏得了新東方老總俞敏洪的高度認可。有分析認為，該節目得到了俞敏洪的授意，而且和俞敏洪此前連發五封郵件批評管理層存在的問題一事有關。不過，俞敏洪在年會之前並不知情，這首歌在內部郵件發出之前相關員工就已經寫好。當然，即便不考慮這個前提，這首歌依然是非常高超的職場行為產物。當時和幾個朋友看了這個影片，我立刻感嘆道——高手！這大概是職場語言最高級的表達形式了。

果不其然，根據事後新聞報導，該節目表演時，新東方董事長俞敏洪在台下笑得合不攏嘴，最後帶頭鼓掌，並且還給了相關創作人員十萬元獎勵，來鼓勵企業中敢於直言的精神和文化。有時候，我們把語言換個形式，就能收穫不一樣的效果——你需要一點兒創造性思維。

案例三：中英夾雜到底好不好？

個人對於日常語言中的中英夾雜，還是持一點點的否定態度的。我曾經做過英語老師，錄自己的線上英語課的宣傳片的時候，經常會說一句話：「英語不高端，真正高端的是人。」

夾雜英語能高端到哪兒去？全英文也就那麼回事啊！任何語言的關鍵，都是看聽者能不能懂。

剛回國時，對飛行術語的對應漢語是各種不知所措，這時候我當然是求著對方說英語詞彙。

「小桓，注意這裡不要打開協調器，保持原位。」

「啊？協調器？」

「就是 Governor。」

「啊……收到，Governor 保持原位。」

這種對話經常發生，即使是現在也偶爾會情不自禁地蹦出來，沒辦法，我的飛行從零開始就是在美國學的，這是語言輸入的第一印象，也是一個很有趣的現象。

但對於一開始說漢語後面又嘗試夾雜說英語的，就搞不懂了，圖什麼呢？很簡單的詞還用英語，大家都比較反感。這種英語毫無意義，而且對懂行的人來說，也不會顯得高端；對不懂行的人來說，說白了就是裝。

別的行業我先不談，如果放在我們這個講求言簡意賅的領域，空中飛行時候，誰要是搞這些花拳繡腿，肯定會要挨嗆的。涉及安全和責任，很多做作的事情就自然會雲消雨散。

中英文夾雜如何判斷是否涉嫌裝格調？什麼時候可以用呢？我的建議是：你打算用的英文，要看有沒有對應的、準確的中文表述。

舉個例子：你是說 NBA 舒服呢，還是說「美國國家職業籃球聯賽」舒服呢？這時候大大方方地使用，不會讓大家反感的。如果一個東西起源就不在中國，國內又沒個公認的翻譯，那就說英文好啦。

第四章

行為：向前一步，滾動你人生的雪球

把事情做對，而非和自己作對

電影《後會無期》裡面有這麼一句詞：「聽過很多道理，卻依然過不好這一生。」

雖然「一生」這個話題有點大，但即便是職場裡普通的一件事情，比如你正在學習一個比較複雜的技能，或者效仿他人想做成一件事。在聽過了很多道理後，也可能依舊做不對。

很多人聽到電影裡的這句話，可能只是內心湧出一番認同感，然後繼續按照自己原來的方式做事情。「知道」並不等於「能做到」，而「能做到」又不等於「能做對」，所以職場技能和行為的修練，並不是看上去的那麼簡單，我們需要認真地思考這個現象。

為什麼有人在一個職位上勤懇工作多年，一直都沒有升遷？為什麼那個榜樣人物就在你面前，你卻學不到對方的精髓？你有沒有想過原因是什麼？

或許你已經讀了很多書，看了很多影片，考了很多證，參加了很多課程，但真正讓你發生改變的有多少？白紙黑字面前的你，對自己的學習能力真的滿意嗎？大部分讀者內心的答案可能是否定的。

為什麼成長那麼慢？我們的努力，到底出了什麼問題？很多人忽略了一個事實：大家所謂的「學習」，有很多是淺層次、低效率的學習。如果學過的知識沒有轉換為改變現狀的行為，那麼你聽到的這些道理就不會見效。我們固然鼓勵閱讀求知，但在具體的技能和任務面前，讀書並不是讀得越多越好，知識也並不是瞭解越多就越好。

我們想一個問題：是不是所有的道理都有用？

拋去少量歪理邪說不談，實際上所有的道理都是有用的，但是，它們不一定會立刻生效，也未必包治百病。現今社會的高速變化與價值導向，會在無形中逼迫我們追求所謂「實用價值」，而大多數的道理都是在描述一個很大的願景，對於眼前的事情卻並沒有多少實用價值。就好比「誠信」兩個字，你堅持它肯定是對的，但是誠信所帶來的好處，卻需要很多天甚至很多年才能顯現出來。而且，一個人是否誠信，和其某一個具體技能的養成通常關係不大，一個籃球運動員很誠實，難道罰球就一定準嗎？所以並非是「好人沒好報」，只不過誠信並非萬能藥。

另外，「知錯就改」也未必合理，你更需要的是認同和針對性行動。別人講道理，你聽道理，這涉及「注意」這個心理學術語——此時你把精力集中地指向對方的話，這就完成了「注意」。但「注意」只是把東西吃下去，並不一定能吸收，有時候說不定還會拉肚子呢！

簡單的一個道理，聽再多遍，我們也並不是調動全部精力進行傾聽。我們在聽道理的時候，往往是一種被動狀態，比如，當你做錯了什麼事情，你的朋友、家人、老師、領導會對你進行「傳道」，這個時候，我們通常會點頭，但心理層面上卻只是在做表面的認同。你聽到了他們的道理，借由這些比較權威的嘴巴說出的話給你一種教導的感覺，這種感覺能夠緩解我們因為犯錯而導致的內心焦慮。

可是，焦慮緩解了之後怎麼辦呢？如果你能夠去思考道理之外的道理，並且開始有持續的針對性行動，才算是真正開始了自我修正。

學習時老師說過的話、說明書裡的條條框框、辦公室牆上的規章制度、短片裡的操作教程……做事情的道理，其實也就那麼多，獲知它們並不困難。但是當一個具有權威地位的人說出來的時候，你總感覺醍醐灌頂。

但是請注意：這種「醍醐灌頂」的感覺，是一種自我麻醉，它只是表達了你對這個道理的確定與認同，這種自我的確定與認同並不會讓你以後不再犯同樣的錯，它能起到的作用僅僅是讓你延緩下次犯錯的時間，或者說改變犯錯的方式。從這個角度而言，並不存在真正意義上的知錯就改。

思維慣性和生物本能：簡單來說，指導我們做事情的永遠不是道理，而是基於我們從少年時就早已形成的人格基礎、我們一直以來深埋於潛意識之中的某種固定傾向的動機、每個人長期養成的行為習慣和本能。

當我們在面對現實當中很多事物的時候，我們總容易產生的就是「自動思維」，也就是看到條件A瞬間就會得出結論C，而中間的過程B，我們很少有人去深究，也少有這樣的意識。而那些真正對你起作用的道理，往往是中間的過程B，當你及時開始有針對性地修正和聯繫後，效果自然就顯現出來了。

另一方面，你也別低估了自己，惡化了自己的處境。「我們上小學的時候，大學不要錢，到了我們上大學的時候，小學又不要錢了；我們不該買房子的時候，房子是單位分配的，等我們要買房子的時候，房子就都是開發商賣的了；我們買不起車的時候，馬路上很少堵車，等我們買了車，天天都在堵車……」這類抱怨，應該不止我一個人聽過吧，網上一搜，比比皆是。聽到這樣的話，總會難免感嘆：我們的青春，怎麼就這麼困難呢？

生活的困難有跡可循，不順心的事情實在太多：物價連年飆升，別人總是比我們更能占盡優勢，求職形勢的嚴峻，福利待遇越來越不滿意……我們大概常常感慨過去，感慨過去的民風淳樸、環境優美，種種感慨的言下之意，是對當前的不滿。

抱怨這種行為本身，是無可厚非的。我們每個人或多或少都會這麼做，偶爾發洩一下，完全可以理解。

但是也需要給大家提個醒：別讓這種抱怨，成為你意志消沉的導火線。

另外，我們應該換一個角度去思考我們當前身處的社會。客觀地審視，今天我們在客觀上所擁有的資源是越來越豐富的——基礎設施建設不斷完善，醫療技術不斷取得突破……也就是說，如今的生活大環境，其實是越來越好了。生活就好比是一個圓，圓內的是既有的幸福，圓外的則是不滿，幸福越多，你接觸到的不滿才會越來越多。

而且，還有一個非常重要的側面：很多過去的痛苦，眼下正在消失。

相信很多人都有這樣的困惑：我們身邊的很多人似乎都過著美好和愜意的生活，反過來看看自己，好像總是在雞毛蒜皮的事情上消耗著大量精力，難免會羨慕身邊的其他人。

其實，每個時代，都有每個時代的「恨與痛」；每個人，都有每個人傷透腦筋的困難。

任何一個時代，也都不會餓死有能力的人。時代所淘汰的，只會是混日子的弱者，只會是那些不適應這個時代的人。我們駕馭時代的關鍵，其實就是面對這種壓力，承擔這種苦難，用自己持續而堅實的努力，去不斷地提升自己，以你我勤勞的雙手，來達成終極自我滿足的幸福彼岸。人的一生，怎麼可能占盡這世間所有的便宜？既然享受著時代發展的便利，就需要忍受發展帶來的缺點。在抱怨自己生不逢時之前，得想一下，造成這些痛苦的原因是什麼？我們為什麼要去承受這些痛苦？沒了這些痛苦，我們是否會因此遭遇另一種更大的痛苦？

我們在進行資訊對比的時候，往往會去美化「對照組」的資訊，進而虛構了自己的不幸。舉個例子：我們總是說看病難、看病貴，醫療條件比美國差太多。是這樣嗎？我在美國學習期間，曾因為受傷去打破傷風疫苗，國內幾十塊錢就能搞定的事情，我花了一百八十美元；花幾個星期的時間去預約大夫的情況，在美國並不罕見。而在國內，我們大概只需要在醫院大廳等一小會吧……。

抱怨困難，似乎更像是在找藉口。把生活的難度放大，自己的不如意似乎也就有了一個客觀的理由。這種心態，與其說是自我安慰，倒不如說是自我欺騙。優秀的人依舊優秀，努力的人依舊努力……歲月流逝的腳步從未變換過節奏，你，不要讓自己被淘汰。

01

行為背後，自有其道理

人的行為千奇百怪，我們誰都不知道下一秒自己會做出什麼事情來。但是，我們也總有那麼一些神機妙算的時刻，不但能夠自己知道會做什麼，甚至可以預測別人接下來會怎麼做。

實際上，對於自己或他人行為的正確預測，是基於你對現有行為的識別與分析。善於觀察的人，就能把看到的事情分析出道理來，順著這個道理，就能推敲出下一步的發展。所以說，行為本身並不是最重要的資訊，關鍵的是行為背後的道理。

認可了這一點，我們就可以描述很多行為。人的動作，雖然有萬億種不同，但分類起來，無非是三種：從簡單到複雜來說，分別是非條件反射、條件反射和組合型複雜反射。

對於非條件反射，我們可以很簡單地舉例子：如果手被釘子扎到，我們就會立刻縮回去。這類反射動作，是鐫刻在我們的基因裡的，它有著成千上萬年的進化基礎。對於這類反射，推敲起來並沒有什麼難度，對方的動作也幾乎不存在什麼掩飾。

在飛行中，人由於從地面到空中有一個大的環境改變，很多平時的非條件反射都是不利於飛行的，這時候，作為教員，就需要大量地協助飛行學員去改變這些非條件反射，從而養成安全正確的飛行操作習慣。在其他行業也是一樣，很多需要動手的工作，都有最佳的處理方式，當這些處理方式和人的非條件反射產生衝突的時候，就需要格外留意了：初學者很可能做出不那麼合乎操作規範但符合生物本能的行為，這類行為，是可以預測的。

而條件反射就要高級一些，從字面上理解我們也能看出：條件反射的動作是依賴於條件的。條件反射形成的基礎，其實還是非條件反射。只不過，條件反射是指在一定條件下，外界刺激與有機體反應之間建立起來的暫時神經聯繫。這種反射行為方式是後天形成的，是經過大量經驗和練習所鍛煉出來的一種反應本能。

最簡單的例子，就是別人叫你的名字，你會答應，人在剛生下來的時候顯然不知道自己叫什麼，但是時間長了，你就知道這個名字是在叫自己了。實際上，對於人行為的推敲，大部分就是在條件反射層面做觀察和分析，當你確定對方會對某種機制產生條件反射，那麼對方的行為就是可以推測和理解的。

有一些員工，在跳槽到新公司之後，對原有公司的條件反射還在，經常把過去的公司叫作「我們公司」，而把自己現在的公司叫作「你們公司」，這種情況，不一定是他（她）沒有接受新公司的環境和待遇，有可能只是新的條件反射還沒有形成。當然，大家也能想到，在新公司領導前這麼說話不合適，所以，你要有意識地留意，在新的條件反射還沒有建立牢固之前，儘量不要「說錯話」。

組合型複雜反射，聽上去就比較複雜，所以分析起來就需要更多的資訊和觀察，這裡我們無法用有限的文字表述清楚，只能在平時做個有心人，透過大量的觀察總結出規律，然後從這些規律裡分析道理。當道理邏輯建立之後，同樣可以預測行為。

02 高效的職場行為讓你快速晉升

作為職場行為的一個高效範本，近年來，「過程分析法」成為越來越多職業培訓的案例模式。過程分析法這個模式最初是為了制度設計，後來也衍生成為一些智慧化辦公軟體系統的內在邏輯。我在這裡給出過程分析法的經典步驟，然後為大家簡要解讀這些步驟對我們職場行為的啟示：

第一步，確定問題領域。分門別類是做出行為對策的最基本前提，就拿銷售作為例子：如果你正在商店值班，此時走來一個人和你發生交流，那麼我們就要首先明確對方是來幹什麼的，是來買東西，還是消防檢查？或者是過來觀摩刺探的同行？明確了來者的身分，才可以正確地做出應對。

第二步，借助有效的分析手段，找出具體問題。如果剛才那個顧客對價格不滿意，實際上其內心的深層訴求並不是一成不變的——有的人是拿價格當作藉口，希望謀求更多的附加服務，有的人則純粹是囊中羞澀，還有的人是一開始就沒打算購買，故意給自己找個臺階。

第三步，尋找和確定解決方案。當具體問題確立之後，我們就可以根據自己的經驗和受到的職業培訓來思考解決方案了。

第四步，如果有多個解決方案，劃定優先次序。次序的建立是很有必要的，有時候一個方法是否有效，雖然方案是固定的幾個要素，但套路不同，取得的效果也會不同。

第五步，確定能提供所需結果的具體辦法。在確定方法的時候，我們要盡可能地去結合行為分析結論，為不同的人打造不同的方法。

第六步，著手解決，並考慮好失敗後的應對策略。

03 獨當一面時，如何「做主」

當還是職場新人的你可以單獨地去負責一件事情或者專案的時候，這肯定是一件好事，這意味著你開始有機會獨當一面，擁有更高的許可權，去做出更大的成績。但是，獨當一面的時候，也意味著你擔負著更大的責任，如果事情做不好，就會首當其衝地挨批評，所以我們也要更謹慎地去對待。

一味躲避責任是不可取的，除非你永遠不打算提升業務層級和工作評價，更多的時候，在代表自己公司或者自己部門的情況下，你得學會一些「做主」的學問。

獨當一面也好，做主也罷，說到底還是為他人做事，雖然你的領導不去親自操辦，但你並不是做出最初指令和最終決定的人。所謂的交給下屬全權處理，更多的是希望下屬透過其智慧和勞動，來節省領導本人有限的時間和精力，並非是把所有的權力都移交給下屬。這時，作為下屬，首先要明白這個「代辦」的總原則，不能真的把自己當成取代領導做決策的人。這就是做行動的認知基礎。

既然是代辦，那就要弄清交辦者的意圖。前面幾個章節，我們提到過交流和聆聽的一些原則，此時就可以用得上了。在弄清楚領導的意圖、要求和忌諱後，我們在開展工作時就可以多一分底氣，更能減少犯錯誤的機率。

這裡面要注意一點：人下達任務指令的判斷，往往基於一個或者幾個明確的目的，比如說讓你去安排一頓午餐，那這份午餐就是可繁可簡的，若是僅僅為了填飽肚子，就可以務實、節省，如果是為了招待客人，必要的規格就不能少了。

當然，弄清楚意圖，也不代表你在整個工作過程中都可以做個簡單的跑腿者。有些工作的複雜程度，往往會超出決策人本身的設想，而我們作為操辦者，很大一部分工作價值就在於搞定這些預料外的事情。遇到意外情況能請示固然是最好，如果來不及請示或者不宜請示的時候應該怎麼辦呢？這時候，你就要自己拿主意了。事情難也就難在這裡，我不是領導，如果做出錯誤決定怎麼辦呢？心理學中有個重要的名詞，叫作「共情」，就是盡力帶入對方的感受，把你自己設想成為領導本人，努力還原這個心境和決策目的，帶著這種思維，做出來的決策就不容易出錯。

04 為什麼有些領導只有權力，沒有領導力

在職場中，我們最在乎的人是誰？當然是領導！畢竟領導既富有權威，又富有經驗，有時候還決定了你的評價和待遇。我們也可以反過來想一下「我能不能當領導」這個問題。

對於年輕人來說，成為領導，可能還比較遙遠，但是這個想法是沒問題的，畢竟每個人都要成長。

領導力是怎樣來的？如何去培育自己的領導力？如何去鞏固和強化自己的領導力，這也都是職場心理經常需要涉及的一個日常而又實用的部分。

領導力是每個職場人都不可或缺的一種力量，哪怕你不打算當領導。如果我們完全回避領導力，或者說完全抵觸領導的話，可能看上去顯得非常的清高，但是這

樣很不實用，只是一種假清高罷了。而且這種心理，會在現實生活中導致很多的麻煩。

領導力的來源

在思考領導力的時候，第一件事那就是想一想領導力是怎麼來的，也就是領導力的來源。通常來說，領導力的來源有兩種管道。這兩種管道可以是單一型的，也可以是兩者兼而有之。

授權型領導力

第一種領導力，我們稱之為「授權型領導力」。

這很容易理解：就是透過上級機構或者是某一個更大的領導來任命或者賦予的一種領導權力，而接受者可以把它良好地消化和執行。這種就叫作授權型領導力。

僅從書面程序上來說，授權型領導力只需要一張任命書或者聘書就萬事大吉了。但這只能稱之為在職位上獲得了領導的名頭，是否真正具備了領導力還需要打一個問號。

授權型領導力的真正實現，需要一個非常重要的條件：那個授權人真正給了被授權人領導的責任、領導的資源，以及領導權的行使範圍。如果僅有一紙調令，但是卻處處受制的話，這種領導資格的獲得也是不具備多少領導力的。所以當我們面臨任命的時候，首先就要思考一下，自己有沒有真正地被授權。

自我型領導力

第二種領導力叫作「自我型領導力」。

這種領導力是人自己不斷演化出來的一種能力和氣質，與上級的任命關係不大。比如我們經常說某個人氣場很強，那麼這種人往往就容易形成自我型的領導力。作為個體心理成因來分析，它有一個很大的好處，就是自己內心具有這種領導的氣質和意識，整個人行動起來也比較協調、統一，在擔任領導的時候，具備這種領導力的人往往可以實現更高的效率和更快地融入。

但是，這種自我型的領導力如果沒有得到足夠的授權的話，就會處於一個非常尷尬的情況。也就是說，這個人可能會經常逾越自己的許可權，去做一些「出格」的事情，這種事情很容易得到更上級領導的否定，因為你出「場」了，就是說你出界了。職場中，一旦某個人做出了越級的行為，其上級就會感到一種冒犯。很顯然，這種打破職場平衡、挑戰現有工作生態的行為，肯定會得到很多的抗拒、批評和否定。因此，自我形成型的領導力往往需要努力地去贏得真正的授權，這樣才能讓兩者協同起來，保障自己更好地展開各種行動。

拿破崙說「不想當將軍的士兵不是好士兵」，也就是說人們對於想當領導這件事還是能夠比較積極正確看待的。我們作為職場中的工作者，不論是新人還是老手，在將來肯定會或多或少地成為某個層級的領導，所以對於領導力的關注，也是一個實際的職業發展問題。

領導行為的介入與放手——「肩膀滑」與「手指尖都給你拴起來」如果從心理

學角度來說的話，我們不僅要從校園教育領域研究領導力，更要對畢業後的每個人都提供領導力的分析。

當你作為領導的時候，你什麼時候要介入下屬的工作？什麼時候要放手？這一點很有學問。我曾經聽到過這樣的表述：說某個人「肩膀滑」。意思就是，這個人作為領導不喜歡擔當，沒有責任感，就像挑不起來擔子一樣。

這就是領導沒有及時地介入下屬工作的結果。反過來說，如果一個人「拿著雞毛當令箭」，就是說他（她）的領導行為過度了。這裡可以打一個比方，就是恨不得「用手銬把你的每一個手指尖都給鎖起來」，這就是過度的約束。怎麼處理好這兩者之間的關係呢？有一句話叫「將在外，君命有所不受」。這就是對領導行為的介入與放手最好的一個表述。首先，將領和君王之間的等級差異是我們這句話的大前提，由於君王沒有親臨一線，不可能瞭解戰場的所有情況，而且消息也不夠及時。所以在面對某些命令的時候，這個一線的將軍有權去做出一些改變或者拒絕，畢竟都是為了全域好。

高水準的領導，往往善於剖析和把握人的心理。如果你能讓對方在心理上愉快，既能夠堅持底線，又能夠有積極性，我認為這個總體的領導管理就是成功的。那麼反過來說，心理學是一個互動的過程，所以一定要有另一個值得操心的事情，我喜歡叫作「管理領導」。

你怎樣去管理你的領導呢？這裡的管理肯定不是透過一些指令或者命令讓領導做什麼事情，而是說透過你的一些語言和行為的一種長期配合，優化你和領導之間的相互行動，從而來達成某一種默契，這樣就使得領導能夠更好地給你分配工作，更好地指導你，甚至約束你，你和領導之間的相處，也會更加的融洽。

既然下屬想要「管理領導」，那就要有管理領導的智慧，而作為領導，也要學會適時放手，適度引導，尊重下屬的創造性和主動性，讓其來「管理」你。如果你已經給了下屬某種行為的權力，那接下來的重點就是，在下屬沒有遇到更高難度的事情的時候，請不要過多地干預。過多地干預不但會在行為上有不利影響，也會在心理上給下屬「許可權得而復失」的感受。大家當了領導之後，希望能夠重視這個問題，不然的話你可能在鞠躬盡瘁的時候，依然得不到大家的理解。很多人越當領導越苦悶，甚至想回到自己還是基層員工的「最初的歲月」，大概就是這個原因導致的。

失敗的領導行為

接下來我們舉幾個例子，來介紹一下典型的幾種失敗的領導行為，並且分析一下為什麼這些領導行為不可取。

第一種常見的失敗領導行為，是任由各行其是。

首先是放棄管理控制，任由下屬的各個工作者各行其是。在工作中，每個人都有不同的行事風格、不同的理念和思維方式。作為領導來說，你不可能把大家都變成一模一樣的複製品，哪怕是在強調一致性的軍隊裡也做不到。但是作為領導，一定要非常關注一點：努力不讓這種風格上的差異產生彼此抵消、互相傷害的結果。

我們經常講求同存異，這在職場心理方面也具有非常實用的意義。我們為了求同，就需要在心理上有所建設，只有大家具有一個共同的目標，才能實現配合的完美統一，最終形成合力達成目標。行為是表面，內心才是根源，如果不能從心理層面彼此認同的話，就需要找到一個互相的緩衝區，彼此避讓要有一個恰當的距離，這就是和而不同的空間。

另一方面還是要有一個大致相同的行為準則，不能搞絕對的自由，這樣才能保障協作。所以幾乎所有的企業和部門都要制訂規章制度，這就是長期以來，大家形成的經驗，這種公約可以用來避免不利的影響。

第二種常見的失敗領導行為，是縱容部下展開無意義的不認同，導致爭論不休。

既然說無意義的不認同，那麼也就是承認有的不認同是有價值的，大家彼此的積極提示、爭論乃至批評或矛盾都可以適當提高工作品質和效率。似乎這一條聽上去和第一條有點相似，但又有所不同。在現代的工作環境中，大家非常鼓勵爭論。

這點當然沒問題，但是，我們在發揚這種先進的、現代化的行政風格的時候，也需要注意：這些爭論必須是有意義的。因為只有有了意義，你才會在心理上接受，並明確是對事不對人。如果說沒有一個明確的意義，這種爭論很快會上升到彼此之間對於人格的攻擊。對道理的否認就變成了對這個人的否認，各種問題很快就產生了。

作為領導，你既能夠在正確的時候去組織一場爭論，又需要適時地阻止這場爭論。或者說在一場爭論已經發生的時候，你可以在恰當的時候給叫停，踩煞車。

因為當爭論開始的時候，哪怕一開始彼此都很理性，最後也可能失控。很多案例都是這樣，一開始彼此都是有理有據、互相尊重的，但最後不知不覺就演變成了人身攻擊。

所以說，花已半開，酒意微醺，才是妙處，不能讓爭論完全進行，尤其是面對職場經驗並不是特別豐富的人。

而如果一些老手彼此之間在發表爭論的時候，他們就會自己給自己在合適的時候，做出停止的默契決定，這也可以看作是一種自我領導的行為。

第三是盲目的舉手表決式民主。

民主這個概念，是現代工作體系中被廣泛接受的一個概念。特別是對於一些剛剛擔任領導職位的人來說，總會想到要發揚民主。

其實對大部分受良好教育的職場人士來說，他們首先想到的就是要發揚民主，這是人內心非常自然的一個進步趨勢。但是，民主也是有它的使用範圍的，不可能所有的事情都按人頭計票。

這裡舉幾個例子，在現代商業中，每個人都會有自己的股權，而這些股權並不相等，大家有自己表決權的大小；在聯合國安理會，有常任理事國，他們可以一票否決，也和其他國家不同。有些時候並不是說按人數的高低來決定事情的，所以民主不等於舉手表決。

說到這裡，其實跟心理學的關係就不太大了，這是公共行為，更接近社會學。因為面對不同的事情，每個人的權重是不同的。那有些事情你作為核心當事人，應當享受的權重往往更大，而作為旁觀者的權重並不明顯。這個時候如果完全採取民主投票的方式，就可能導致一種情況：旁觀的多數殺死了處於風口浪尖的少數。這種大鍋飯一樣的民主，顯然是不合理的。

一般來說，在進行民主表決的時候，儘量先選擇一些無關痛癢的領域。比如說今晚去哪裡吃火鍋，我們兩天之後是去哪裡開會，我們公司的天花板是用白色的還是要貼一些彩色牆紙。在這些領域，大家可以各抒己見，因為這個時候大家的權重基本是一致的。

但若是到了決定生死存亡、大的戰略性的表決的時候，建議還是採用一個集中的代表委員會的形式，由指定人數的代表來表達。

盲目的民主也會在心理上產生一些微妙的影響。如果凡事都進行投票或舉手表決的話，那大家也會慢慢地對領導的權威產生懷疑，感覺它更像是一個表決大會的主持人，而不是一個富有領導力的領導。這就要再回到領導力了，良好的領導力應該是知道在什麼時候要強行發表看法，給出一錘定音決定，什麼時候放手讓大家發表意見。

面對下屬，是要「容人之短」，還是「補人之短」？

現在很多企業在培訓的時候會提到一點：當領導要學會用人之長、避人之短。我覺得這句話還是要辯證地看。大部分時候，我們應當讓每一位職員能發揮自己的長處，這點毋庸置疑。

但是面對短板的時候，我們要去思考到底是要回避，還是要補強。回避的話，也很容易導致這樣一個情況：能者累得半死，而笨蛋卻天天閒著、混水摸魚。這是因為如果一個人優點太多而被你過度使用的話，那些優點不突出的人分到的工作量就少了，除非你在待遇上能嚴格做到公平，否則將不利於工作的開展、團隊協作和下屬的情感。

一旦職場分配的公平性受到了破壞，人們就會很快產生一些不一樣的變化：那些能幹的、多才多藝的員工就會叫苦不迭，對自己現在的境遇感到不滿，而那些不求上進的員工，反而會得到一種鼓勵。他們會覺得這是一個可乘之機，從而放棄自己的進步，從而也不會在很多的事情上體現出自己的責任與擔當。

那從這個角度來說，我們還是要更多地去補人之短。固然，這種補人之短是需要一定的耐心和成本的，但是從長遠來看，這種做法是可以維護整個職場長期健康的、有良性發展的。

第五章

關係：在辦公室裡做出最佳選擇

—朋友、路人還是仇敵？需求說了算—

說到職場關係的心理基礎，就不能回避一點——大名鼎鼎的馬斯洛需求金字塔理論：

最下第一層是生理需求：空氣、水、食物、居住、睡眠和性欲。

第二層是安全需求：人身安全、健康保障、資源財產所有性、家庭安全和工作職位保障。這裡請注意，在本層次中，工作職位保障的需求已經出現了，也就是說，如果在職場中同事或者同行認為你的存在會威脅到他們的工作職位保障，就會引起其高度的警惕和防禦機制。

再往上的第三層是情感和歸屬的需要，也叫社交需求：友情、愛情、性親密。人作為一種富有情感的動物，人人都希望得到相互的關心和照顧。感情上的需要比生理上的需要來得細緻，它和一個人的生理特性、經歷、教育、宗教信仰都有關係。

然後是尊重層次，也叫尊嚴需求層次：自我尊重、信心、成就感、對他人尊重和被他人尊重。

不論是職場新人，還是混跡多年的高手，人人都希望自己有優越的人際交往地位，個人的能力和成就能夠得到社會的承認。

尊重的需要又可分為內部尊重和外部尊重。內部尊重是指一個人希望在各種情況下感覺到自己能勝任、對事情充滿信心、能夠以一個從容的心態處理好事情，簡單來說，就是人的自尊。而外部尊重是指一個人希望他人看待自己有地位，有威信，受到別人的尊重和良好評價。馬斯洛認為，尊重需要得到滿足，能使人對社會滿腔熱情，同時體驗到自己活著的用處和價值。

第五層次也就是頂層，是自我實現的需要。這裡包含有道德、創造力、解決問題的能力、公正度、接受現實能力等。

自我實現的需要是最高層次的需要，是指實現個人理想、抱負，發揮個人的能力到最大程度，達到了一種「滿足境界」的人。這個層次的情緒，不但可以接受自己，也有利於接受他人——就好比高手和大領導對待菜鳥和基層員工的態度往往比較和善。

在這一層次的滿足，多表現為解決問題能力增強，自覺性提高，善於獨立處事，但也有些「高處不勝寒」的孤獨和小矯情。總之，這一層次的需要，是搞定自己能力範圍內的一切事情的需要。也就是說，人必須做一份稱職、難度適宜的工作，這樣才會使他們感到最大的快樂。需要注意的是，人並非一定要成為頂級專家才能感到這種滿足，為達成這一層次需要所採取的途徑是因人而異的，小人物也有小人物的自我實現感。當然，自我實現的需要也是在努力發掘自己的潛力，這可以使自己成為自己所期望的樣子。

介紹了這個基礎，我們就對人際關係有了強大的科學支撐。在職場中，很多人與人之間打交道的事情，都在不斷地演繹以上五個層級的需求。當某個需求被滿足後，人際關係就會往好的方向發展，反之如果某個需求被威脅或者破壞，自然會出亂子。而我們在處理多個需求的複雜局面時，可以參考各個需求層級的上下關係，讓最基礎的需求先得到滿足。

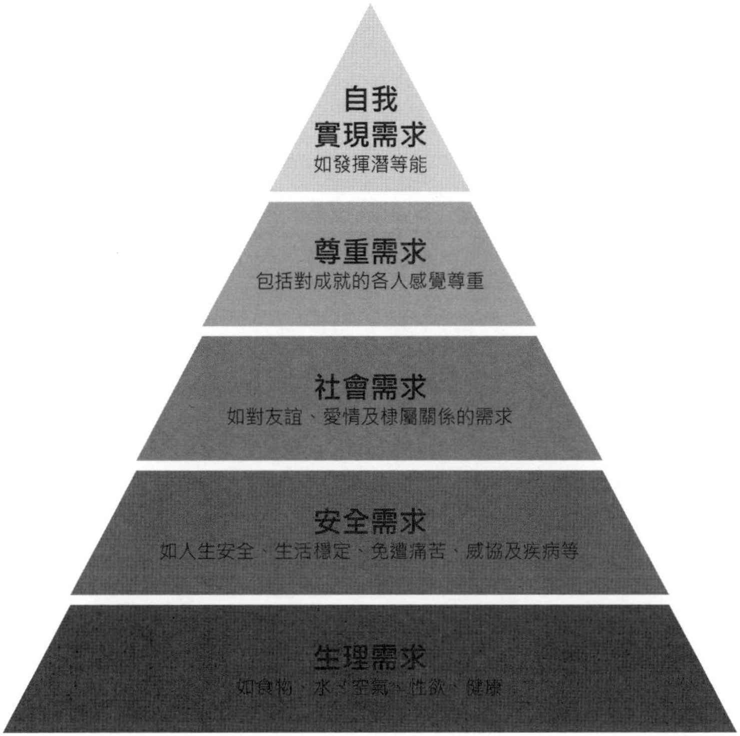
自我
實現需求
如發揮潛等能
尊重需求
包括對成就的各人感覺尊重
社會需求
如對友誼、愛情及隸屬關係的需求
安全需求
如人生安全、生活穩定、免遭痛苦、威協及疾病等
生理需求
如食物、水、空氣、性欲、健康

馬斯洛需求金字塔理論

01 愛要坦坦蕩蕩還是偷偷摸摸

職場關係有很多，我們先來說個比較突出的戀人關係。哪怕是當今如此開明的時代，企業或者部門中，多多少少還是對辦公室戀情有一定戒備或者拒絕心理的。這是多方面的原因所導致的：可能是擔心管理不便，出現「夫妻檔」抱團對抗上級的情況，也可能怕分手之後關係難以處理……總之，大部分企業還是不太贊成辦公室戀情的。

當然，也有幾個例外情況，是被管理者允許的：首先是原生戀情。所謂原生戀情，就是兩個人在加入這個工作的時候，就已經是一對了，也就是說，人事部門在雇傭這兩位的時候，就已經接受了這個事實。不過，如果兩者還在熱戀期，工作中儘量還是要保持一定的距離，即便有互動，也要在舉止得當的情況下。

第二類就是非辦公室環境，類似於車間、體育競技等強調體力勞動的場合，由於大家的關注點比較專一集中，人心的較量也相對少一些，所以對於戀情也就沒那麼重視。其實不僅僅是對於戀情，同事關係之間的是非都會少一些。

如果在不是上述情況下發展出來的辦公室戀情應該如何面對呢？硬拆鴛鴦顯然是不合理的，在這裡我給出一些比較有建設性的意見：

首先，戀情的發展，最好是建立在融洽的同事關係之上，這就是良性愛情的社交基礎，如果你本身和其他同事的關係很糟糕，那麼談起戀愛來自然會出現更多的不利因素。

第二，辦公室戀情千萬不要引起業務上的倒退，畢竟工作的基礎是業務，如果業務做得好，主動權和話語權自然會向你傾斜，更積極地想——如果你戀愛之後的業績反而提高了，那領導估計高興還來不及呢……

第三，戀情的發展，還是儘量放在辦公時間、辦公場所之外，特別是在你許可權還沒那麼高、地位還不夠穩固的時候，辦公室裡並不是接待另一半的好地方，儘管你們可能在同一空間工作。

02 好領導，也是凡人：機會是自己找來的

人的需求有層級，我們的工作也是有層級的。知道工作有層級，看上去很簡單，但這其中的內涵遠比你想像的要豐富。

上級，是職場新人最值得關注的角色。關注上級，是你在職場中站穩腳跟的第一步。這並非鼓勵大家拍馬屁，也不是誘導大家忽視自己的下級。因為一個企業的運行，指令永遠是自上而下實施的，跟隨這個邏輯出發，我們的心理「著眼點」也應當瞄準上級。而且，作為一個新人，哪來的下級呢？

作為下級，你必然會遇到這樣鬧心的事情：領導交辦下來的事情，很不想去做，但又不知道怎麼去處理。究竟該如何做呢？

請注意——好領導，也是凡人

「領導也是人」，這話聽起來，總覺得像是在領導犯了什麼錯誤之後，大家為其開脫所說的話。我們這裡聊的，倒不是如何替領導找臺階下，或者如何原諒領導。

之所以說「你的領導也是凡人」，是想給所有職場新人告知一個基本事實：你的領導，並不是萬能的。

沒錯，他們看待事物會有更高的層面；沒錯，他們比起新員工有更大的胸懷；沒錯，他們見過更多的場面，有過更多的閱歷……但是，他們依然是普通人。

也就是說，在工作中，你搞不定的問題，他們可能也搞不定；你煩心的事情，他們也可能煩心；你感到喜悅的事情，他們也可能會感到喜悅。而且，他們也沒有千里眼、順風耳，沒有預料一切的能力。

古語云：「一將無謀，累死千軍。」領導對於整個團隊工作的開展，起到了非常關鍵的作用。同時，領導的好與壞，也極大影響著職場新人的工作體驗和成長路徑。對於職場新人來說，那種對好領導的信任和依賴心理，會很自然而然地形成。因為領導有著更多的經驗、更強大的能量。好的領導也會保護下屬，耐心教授很多技能和思路，甚至在生活上也能給你帶來諸多關懷。遇到這樣的領導，那自然是一件值得慶倖的事情。

但是，很可能過了一段時間之後，作為新人的你也會發現，自己做出來的事情經常得不到領導的認可，很多事情會「反覆施工」，將自己搞得很疲憊，而領導也不滿意。當你開始換位思考的時候，也能感受到領導的壓力和「難」，原來領導並不是你想像中的那樣無所不能，也許領導的生活，比你要辛苦很多。如是種種，會讓你心中領導原本非常光明偉岸的形象，開始漸漸蒙上了一些其他色彩。

此時，你需要提醒自己一句：我的領導雖好，但也是凡人。

你身處一線所遭遇的事情，如果不是主動告知，領導也可能不清楚是怎麼回事。所以，你在彙報工作的時候，要盡可能地給領導足夠的資訊。唯有如此，你的領導才能夠給出最貼合實際的指導意見。也就是說，如果你給出的資訊不足或者不準確，他們也可能做出不妥甚至錯誤的決策。你作為下屬，需要像一個感測器一樣，儘量傳遞充足而精確的資訊，唯有如此，領導才能透過你的資訊來思考和決策，良好的工作就有了開端。

能夠「替領導分憂」，是職場新人站住腳跟的關鍵指標。很多富有上進心的年輕工作者，都在努力試圖做到這一點。但是這句話說起來容易，行動起來卻非常困難。作為新人，我們如何為領導分憂呢？這裡給你送上八字心法：感同身受，力所能及。

換言之，如果你真的擁護或者心疼你的領導，那就請努力替他分擔一些壓力，減少一些負擔。

03 如何處理好辦公室人際關係

說了很多領導和下屬的事情，我更想來說說同事。我們在職場中，一開始首要的關注人物肯定是領導，但是更多時候，你是在和平級的同事相處。相對於面對領導的小心謹慎，一部分缺乏經驗的職場菜鳥往往就會忽視了和同事在一起的時光。實際上，這些同事間的相處，非常值得關注。

給自己一個惡名來「護體」

很多人都希望自己在職場裡有個很善良美好的形象，成為每個人都信賴、樂意交流的對象。很多時候，這種想法顯得過於「新手」。

「惡名」，不但不會讓你成為大家眼中的壞人，反而是你的一個保護傘，它不但可以幫你營造一些從容的空間，甚至能夠幫你擋掉很多危機。

在實際的工作場景中，有時候我們也要展現出「暴力」、「狂躁」的一面，這並不是說要去傷害某個人，或者讓自己成為一個完全不受控的不穩定因素，而是使用一些看似粗魯笨拙的方法，去達成一些事情，同時也能給對方和自己人留下一個比較好的印象。

比如說你可以熬通宵去做一件事情，雖然事情的結果可能一般，但是你會獲得大家對你很努力做事的肯定。再比如說，同樣一件事，你去重複無數遍，總會有一遍是滿意的結果，大力出奇蹟嘛。這時候，你的惡名也許就是「不夠聰明」、「喜歡拚蠻力」，但這份惡名，是不是有幾分真誠和可愛？

再比如，如果你總是一副和和氣氣的樣子，什麼脾氣也沒有，固然大家會覺得你很溫和、容易相處，但這也給了別有用心的人可乘之機。不要總是那麼克制自己，真是遇到了該生氣的時候，發怒一次又何妨？人如果只會做好好先生，最終的結果無非是「人善被人欺，馬善被人騎」，所以說有時候，戰馬嘶鳴一次，偶現崢嶸未嘗不可。

生活中，從來就不會有單純的尊重。尊重是在相互的打磨中逐漸形成的。這就像冷暖空氣一樣，你往前進一步，他可能就會往後退一步，很多時候，旗鼓相當就是一種彼此的尊重。

一方面我們不可以對別人一味地服軟求饒，因為過分地退讓有可能會使對方得寸進尺。面對這種情況，我們一方面要觀察對方得寸進尺的症狀有哪些。比如說，眼神、行為、思維方式。當他開始忽略你的利益、不在意你的人格時，就要拉響警報了；另一方面，我們也要去適度的「進攻」，去試探，去為自己的自尊和自由，打出一片天地來。

帶新人——當你也成了「老師傅」的時候

作為帶新人，教技術是一個非常重要的環節，特別是當你的工作進入了一定的熟練度，有了一定的段位之後，面對指導新人的工作，就很可能遇到這類事情。當然了，自己會，不代表能把人教會。

自己會不會，和能不能把別人教會，是兩回事。有個極端的例子：在我讀研的時候，有一位其他學院的大學學妹前來請教我《物理化學》的內容（當時我的專業是化學），我回憶起自己大學階段，《物理化學》這門課是非常掙扎的，在教授特別耐心教導而且還有所「心慈手軟」的情況下，我也只是剛剛過及格線的水準。然而，在對學妹進行一個月左右的輔導後，她的成績居然從不及格一下子躍升到八十六分！這裡面固然有她個人的努力，但我的教學方法，肯定也有較大的作用。

這件事強化了我教學的信心，也促使我研究和總結教學技法的各方面內容。而在咱們這一部分，看似是說職場心理，但主要的內核源自教育心理學。受過專業師範生訓練的人都知道：心理學，是教育的基礎學問。我至今還記得，《心理學基礎》、《教育心理學》這些課程是我們師範專業必須重點教授的課程。而且這一部分，也是調用心理學內容最多的部分。

「時間是最好的解藥」，耐心可以應對很多你在帶教過程中的困境。前面我們在講到職場技能學習的時候，也曾多次提及，學習經驗的積累和消化的一個過程，既然是個過程，但就是需要時間。很多時候，教別人的時不妨回想一下自己學習時付出的汗水和遇到過的困境。固然，職場的教與學和學校裡不一樣，沒有那麼良好、專一的環境，也沒有那麼充裕的時間和條件。將心比心，給對方一些時間，或許比你著急上火找各種方法的效果都要好。

而所謂「實踐」，就是要讓對方有足夠的親自嘗試的機會。老話說「紙上得來終覺淺，絕知此事要躬行」，說的就是親自嘗試的作用。在航空教學法中，我們要大量地給學員提供實踐操作的機會，這背後的原則，就是著名心理學家桑代克提出的「練習律」。

在指導新人的過程中，首先要給他們提供充足的實踐機會，隨後還要有目的地指導其整個訓練學習的過程。從心理活動層面來看，如果被你指導的新人學會了刺激與反應之間的聯結，那麼他練習和使用越多，學習效果就會越來越得到加強，反之會逐漸變弱。既然「刺激反應聯結」的應用會增強這個聯結的力量，那麼我們就要讓對方親身受到這個刺激，也就是親身體會的感覺了。

由於本書並不是專門闡述教育心理學的，那麼也就不必用過多篇幅來說教學，就言簡意賅地給幾個小 tips 吧：

- 良好的人際關係，是培訓品質的保障。
- 教學開始前，需要展示出你的專業性。
- 舒適的生理環境是快速學成基礎。
- 壓力對培訓本身毫無作用。
- 設立具體目標。
- 職場帶教不是單純上課，準備太多不如隨機應變——對方的眼神和反應就是最好的教案。
- 作為「老師傅」，你還得想好培訓中意外情況的處理。

新來的同級別同事怎麼對待？

接下來，我們說說一個很微妙的事情——辦公室裡來了同級別的新同事。

有新成員加入，總是會帶來一些別樣的感受，但是，和來了新領導、新下屬不同的是，同級別新同事的加入，往往可以引起最為微妙的心理變化，折射到職場關係的變動也最複雜。

大家都是相同的級別，看上去誰也不領導誰，但你作為老員工，看到對方的身上的一些優於你的地方時，會不會吃醋？當你看到一個全新的角色加入進來，出於各方面的考慮要不要拉攏呢？說到這個話題，其實答案就沒那麼唯一了，這裡我的建議只有三個字：搞團結。沒錯，就是要搞團結，這種大巧若拙的處理方式看上去很笨，其實是最大的智慧。

不用太在意別人那裡發生了什麼

作為職場新人，我們常常會有一種怯生生的感覺，而且總是忍不住想要多觀察、多打聽各種自己尚不知曉的事情。這是一個很好的學習者心態。但是，在這個心態的作用下，很多時候「菜鳥」們會變得過於敏感。

之前我們已經拿領導開玩笑這個案例說明了聆聽領導是多麼的重要，但是，對於同級別的工作環境中，你大可不必如此敏感。人好比是一個高級複雜的機器，身上有很多的感測器，這些感測器在採集資訊輔助決策的過程中，有時候也扮演著干擾器的角色。為了不讓過多的資訊衝擊我們尚不發達的「處理器」，作為新人，我們更多的精力要放在本職工作和個人能力提升上，而辦公室裡發生的一些事情，如果和你關係不大，倒不如糊塗一把，讓它過去就好了。

04 距離感，才是職場相處之道

因為距離產生美，就這麼簡單。

熱情的代價

我們常常說老實人難做，其實對比起來我倒是覺得，比老實人更容易受傷害的是熱情的人。所以，做一個熱情的人，你需要做好承擔風險的心理準備，但是反過來說，做一個熱情人，好處也是無窮的。

著名商人李嘉誠曾經說過：招待客人不能太熱情。為什麼呢？因為：「這人太熱情了，實在不敢領教。」「以後他到我家去，我也要好好招待人家，可我沒有那麼好的手藝，也沒有經濟實力呀！」「夾這麼多菜，如果都吃了，回去說不定會消化不了的。」

那麼，同事之間，在私交還沒有到達一定程度的情況下，保持適度的熱情是很有必要的，過於熱情，會適得其反，畢竟，過分的熱情會對別人形成一種無形的壓力，讓人感到不安、不舒服。同時，過於熱情也可能會讓對方多多少少產生依賴感（特別是對方也是職場新人的情況下），一旦你某天不再那麼熱情的時候，情況可能就會比較糟糕了。

上司的「眼線」

雖然我們都希望可以獨立開展工作，在大部分情況下和上司保持一定的距離，以便自己可以在不那麼緊張的環境裡完成自己手頭的事情。但是，你的上司為了瞭解你的情況，偶爾也會使用其他方式觀察你，這種方式可以是委派的某位元「觀察員」，也可能是電子設備，套用過去的說法是「眼線」。

其實這就是一種情報系統，因為沒有人喜歡在毫不知情的情況下管理一個團隊。所以，面對各種機器或者是人組成的眼線，你不必感到受監控或者不自在，只需要老老實實做好自己的事情就好。之前也說過：不要對別人那裡發生了什麼過於敏感。同理，也不要太在意在別人那裡看到了什麼。過於關注「眼線」，或許短期內你會有特別好的表現，但長此以往，人會在自我壓力中行為變形，就得不償失了。

不給面子的「霸道總裁」

領導常常是有性格有脾氣的，如果遇到了一個對你不給面子的強人上司「霸道總裁」，應該怎麼辦？

如果上司只關注結果，那麼你就應該給出結果。如果結果不理想，而你還要用過程來解釋開脫，自然就難以獲得好評。給出結果，而不是解釋過程，就是面對霸道型上司的最好策略。

讀書的時候，很多人會想：我學習那麼用功，怎麼還是沒法考入頂尖的大學？進入職場之後，自然也有很多人會想：為什麼我每天加班工作，做了那麼多事情，老闆卻還是不滿意，還是不肯給我升職加薪？

我們先來問一個問題：有一個聾啞人想買牙刷，他到商店裡向店主模仿刷牙的動作，成功地買到了牙刷。那麼如果一個盲人想買太陽鏡，他該怎麼辦呢？

答案是：盲人只需要張開嘴巴說出來就可以了，因為他不是啞巴。實話說，我在剛看到這個腦筋急轉彎的時候，也被難住了。後來我覺得這個問題很有趣，我們很多人都被題目給的資訊給迷惑了，這些迷惑資訊大大干擾了我們對問題本身的思考。

同樣的道理，在工作中，很多人也會被過程所迷惑，而不能夠直截了當地去思考結果的重要性。但是別忘了，那些讓你在校園和職場中困惑的問題，最終拚的還是結果，而不是那些讓你五味雜陳的過程。高考，大學是依據你的高考成績來決定是否錄取你。職場，上司把一個任務交給你，是希望你能給他一個滿意的成果，從而給公司帶來效益。

電影《穿著Prada的惡魔》裡，米蘭達說：「我對你無能的細節過程不感興趣。」

職場中最怕的就是，你剛接到某個任務時，就開始在潛意識裡策劃一個「失敗亦英雄」的過程。一旦你這樣做了，就會在之後的行為中，頻繁產生一種自我暗示：這事情我要是做不到，我的上司要是責備我怎麼辦？嗯，我把過程弄好看一點……。

一旦有了這個想法，在之後的無數個微妙節點上，人的每次行為抉擇，都會朝著「失敗英雄」的方向發展，將會導致你在很多可以促進任務成功的環節上沒有付出足夠努力，卻把大量精力花在了怎樣保存面子和找藉口上。這是一開始就設定好了的失敗。

別忘了，任務不等於結果。任務的核心是完成。如果你覺得只是例行公事，把該走的程式都走了，就可以完成差事，但完成「差事」不代表達成了上司的目標。「交差」和「達成目標」二者之間，並沒有絕對的充分必要關係，甚至有時候根本毫無關係。所以，當你面臨一個有難度的任務時，請把你全部的精力放在「如何把事情做成」上面，而不是耍弄一些小聰明。因為小聰明終歸是小聰明，它只能夠說服你自己，卻抵不過上司「用結果說話」的評價體系。如果你能把心思都聚焦在做事情本身上面，即便最終敗了，亦不為恥。

電影《絕地任務》中有一句臺詞：「輸家總是在抱怨自己已經盡力，而贏家此時已經得到了選美皇后的垂青。」

隱私

既然說到了「距離產生美」，那麼同事間的隱私問題就不得不談。我常常說：涉及私密事，不知為大善——最好的保密者，其實是不知者。

如果在某些場合，你不得不需要別人的密碼、獲知別人的秘密，該怎麼辦呢？首先，涉密的問題，想三秒再問同事，你得組織好語言。第二，在打聽這個隱私的時候，你應該首先擺出一個姿態——我平時不是這樣的，這次是不得已。

說到隱私，我就想起一件事：之前一個同事因為旁邊有人強行翻看了他的手機，和對方大吵了一次。有的人覺得大家都是這麼熟了，看一下手機也無所謂，這種做法其實很不應該，這是人與人之間最基本的禮貌。我也會遇到這個情況，比如別人向我借手機借電腦之類的。即便對方禮貌地提出請求，我還是會覺得不適。

且不說我電腦裡有沒有小電影，如果東西在你手裡用壞了怎麼辦？雖然硬體可以賠，可那些資料怎麼辦？你怎麼賠？我又該怎麼說呢？電子產品本來就比較脆弱，磕一下摔一下結果都難說的。雖然有做備份，但我也不可能天天備份，總歸有個週期，去修怎麼修？要花的時間誰來補償，由此產生的麻煩誰來負責？

可能有人覺得「不就是看一下嗎，是能怎樣」、「哎呀怎麼那麼小氣」。恕我直言，凡事這麼想的人，都沒有做好萬一出了意外進行補償的準備。更何況，手機、電腦是高度涉及隱私的。這和成年不成年沒關係，保護自我的隱私意識每個人都有，既然自己有隱私意識，那就不要侵犯別人的。

除非是公用或者辦公設備，否則我是不會借手機、電腦的。就算是打電話，也是請別人親自操作，我告知號碼，請別人撥打。萬不得已，也要主動在對方的視線之內使用。

我不希望別人來借我的手機和電腦——所以也請各位讀者保護好你們同事的隱私。

05 你不夠優秀，認識誰都沒用

時至今日，我依然堅持「人際關係無用論」。

網上搜索人際關係，看到的絕大部分是告訴你人際關係到底有多重要，如何經營和利用你的人際關係。

但凡我所認識的有能力、有頭腦的人，不論男女，只要是享有所謂「人際關係資源」的，都沒有過於投入精力去經營所謂的人際關係。很多人一定有這樣的疑惑：他們瘋了嗎？

認識這麼多人，為什麼不多花點時間經營人際關係呢？人脈上需要維護，但並不是經營出來的。作為職場「小白」，我們「家底」還比較薄，很多時候看人際關係，會有所偏差。在我看來，剛入職場的新人刻意去追求人際關係有點本末倒置了，因為人際關係只能是錦上添花。

第六章

策略：如何管理個人戰略

01 猝不及防的「黑天鵝」

「黑天鵝事件」是個舶來詞，它的英文全稱是 Black swan event，指非常難以預測、不尋常的事件，這些事件，通常會引發連鎖負面反應，甚至導致破壞性的結果。

一般來說，「黑天鵝事件」是指滿足以下三個特點的事件：第一是具有意外性；第二是有重大影響；第三是雖然它挺意外，但人的本性促使你我在事後為它的發生編造理由，並且或多或少認為它是可解釋和可預測的。

「黑天鵝」存在於各個領域，無論是在宏觀經濟、個人生活還是職場，都逃不過它的控制。而我們可以根據黑天鵝的情況，去推敲職場中意料之外事件的應激處置辦法。

撤，也要撤出水準

有一次和一位朋友聊天，聊到她的第一份實習工作即將結束。我特意叮囑：「離職前半個月，別忘了提前跟領導說一聲，以便提前交接工作。」這句話，似乎給了她不小的提示。果不其然，幾天後這位朋友就興高采烈地告訴我，她的領導對這種預先告知的行為大加讚賞，很認可她的負責態度，不但很熱情地一再挽留，還歡迎她隨時回來工作。

實際上，我也聽過不少管理職位工作者的抱怨：「最近的年輕人，說辭職就辭職，拍拍屁股就走人，留下一堆的爛攤子，都是我們自己來收拾，非常氣人。」這種抱怨苦惱的語氣裡，流露出對「離職突襲」的不認可和憤怒。管理者面對這兩種情況的態度，可謂冰火兩重天。

提前打個招呼竟然有這麼大的能量？這事情說大不大，說小也不小。對於一段實習工作而言，良好的素養不僅表現在正常工作時期，還取決於你如何「畫上句號」。如果我們能夠站在管理者的角度去想一下，事情就不難理解了。

首先，這種提早知會、有序交接的處事方法，可以給用人單位方面留足時間，使其能夠合理地安排工作事宜。很多實習工作的時長是彈性化的，管理方對於實習者何時離開並無明確時間表。這個時候，「提前打招呼」就顯得非常必要了。雖然不少實習單位都會提前約定好你的實習期限，但在約定到期之前早一點提醒對方，同樣是有必要的。

離職，可不僅僅是「說完再見就離開」那麼簡單。對於管理者而言，這涉及大量的工作。對一個現代企業來說，一旦有實習員工離職，那麼員工的檔案就需要變動，對應的薪金稅務等財務資料也需要結算，相關部門的工作時間表和任務安排都需要調整，辦公席位和相關勞動物資還得重新分配，一些上傳下達的工作同樣需要進行……最關鍵的是，人力資源部門還大多需要及時招募到新的實習員工，來彌補工作上留下的空白。

如果離職者早早打好了招呼，事情就能有條不紊地開展，反之，就很可能會導致管理方巨大的工作壓力和混亂的局面。所以說一旦什麼招呼都不打就一走了之，無異於把「鍋」全部甩給了管理者，就顯得非常「不仗義」了。

如果考慮到這些方面，再想一想，你大概就能體會文章開頭那些滿懷抱怨的管理者為何如此頭痛了。

同時，從實習者的角度來說，也能給自己爭取主動。對於大部分實習生而言，獲取報酬並非是參加實習工作的唯一目的，獲得一定的行業技能、拿到實習的評語或者推薦信也非常重要。考慮到部門行政機制和考察方的習慣，這些評價實習生「職場第一步」的文書，往往需要等幾天才能夠拿到。如果非要求對方在很短的時間裡把這些東西都提供出來，不但顯得不夠禮貌，還可能把事情搞砸。所以說，把提醒的話說得早一點，你的訴求就能多一分保障，也就避免了自己離開前手忙腳亂，鬧出一肚子委屈。

從長遠角度來看，這種縝密妥當的處事態度，可以給對方留下良好的印象，為你的職業形象加分。世界有時很大，但有時也很小，如果將來機緣巧合再回到原單位，對方還會予以盡可能的熱情接納。俗話說：「好事不出門，壞事傳千里。」很多職業領域的人際圈子是很微妙的，如果你在原單位留下了良好的聲譽，這份聲譽就很可能被你下一個就職單位的人聽到。

反之亦然，如果誰家單位出了什麼奇葩員工的話，這些事情也很可能很快傳遍整個圈子。也有最極端的，用人單位會在特別憤怒的時候下達類似於「封殺令」的業內通告，到時候，闖了禍的求職者，可就難免四處碰壁了。與其靠著僥倖心理面對未來，何不早早把事情辦完美呢？

離職前，要提前多久給領導「打招呼」呢？其實，這個問題並沒有很固定的答案，而是要取決於實際情況。如果說所在部門有相關離職制度，那自然是按照制度來執行；如果沒有固定制度，不妨問問同事中比較資深的「過來人」，聽聽他們的建議。很多部門的運作以一周為一個單位，這種情況下，提前兩週左右提出，也是一個挺好的辦法。總而言之，只要能讓管理方感到滿意，那就沒問題。

不管是主動離開，還是被動出局，收尾工作都是很重要的。古語說得好：「靡不有初，鮮克有終。」這也正凸顯出「善待結尾」的重要性。不論是如今參加實習也好，將來正式工作也罷，我們都應該做一個能夠預先收尾的人，讓工作經歷善始善終。如此，不但讓對方能夠從容面對，也將給自己的職業生涯留下一份順暢的體驗。

02 失誤之後的危機處理

首先我想說明一點，比起學會處理危機，預防危機顯然是更重要的事情。明白了這個總原則之後，我們才可以聊一聊怎麼進行危機處理。

提到危機公關，我們首先想到的永遠是如何面對媒體？如何面對領導？如何面對客戶？但是很多人都忽略了一件事：「出事」之後，我們應該如何面對自己。

沒錯，面對外界固然很重要，但你自己才是主體。如何面對自己，如何保護自己，甚至於如何提升自己。這些基礎決定了你處置的總體結果，才是最核心的問題。

03 職場，不是工於心計，而是向上生長

這本書寫起來還是比較順利的，既沒有複雜的環節設計，可能更多的工作量是在出版社的工作人員那裡。既然說到了出版社，在這裡我要對出版社的各位工作人員致以謝意——就像我們職場裡必須要注意的尊重和禮貌一樣，當我們無法獨自完成一件事的時候，合作者的重要性就不言而喻了。這本書的出版和發行，離不開他們的合作支持，正是因為有了他們，這本書才能從我腦中紛繁複雜、不可描述的狀態，最終變成邏輯清晰而又適宜各位讀者閱讀使用的實用工具書。

話又說回來，構造本書「肉體」的過程雖然短暫，但形成這本書「靈魂」的過程卻是漫長的。這裡有國內外眾多傑出的心理學家所打下的堅實基礎，還凝結著我在職場中長期的實踐積累和思考，更有廣大職場人在心理諮詢中貢獻出的實際案例

為我們帶來的啟發。所以，這本書既不是一時之力，也不是一人之功，它的誕生和成長所汲取的養分，比紙面上所呈現出的東西要多得多。

當我們在談論職場的時候，會有無數個具體的話題，其數量之大，遠非一本書所能涵蓋的。我之所以要在這裡「認慫」，倒不是為了推卸責任，而是想把更大的舞臺交給各位讀者：職場裡究竟會發生什麼，你又從中經歷了什麼，他人的表述不管怎樣長篇大論，總歸是不能把自己的遭遇表述完全。因為只有我們自己，才是身處第一線的主角。

所以，當你已經透過這本書，對職場心理有了基本的瞭解之後，我們希望各位讀者能夠從中獲得足夠的啟發，能夠靠著自己的智慧和力量，去解決職場中出現的各種各樣的問題。其實也不僅僅是解決問題，更是去預防問題。

有限的套路，裝不下無窮的生活。職場心理最終還是無招勝有招，職場心理只是一個有利的環境，但是唱起了主角，還是你這個人。

我們鑽研職場心理的根本原因，不是為了工於心計，而是為了向上生長。

前幾天在微博上看到一個段子：

就算你這些年一事無成，你也肯定已經是：拖延大師、妥協天才、鹹魚精英、對付專家、「無所謂」終身成就獎、「再說吧」專屬代言人、減肥失敗大中華區形象大使、「常年缺錢」非遺傳統技藝指定繼承人。

說實話，這段話的內容固然輕鬆戲謔，但卻深深地喚起了我的憂慮。如果我們各位職場年輕工作者裡，有一部分因為缺乏有效的引導和心理培訓，最終一步步地坐實了這些「榮譽稱號」，這對於無數個人生，以及其背後的無數個家庭來說，該是多麼悲傷痛苦的一件事！

我不希望有任何一個人，成為這些稱號的持有人。為了一個個更好的「我」，為了不被這個時代所拋棄和消滅，為了無數個值得期待的美好明天。

高寶書版集團
gobooks.com.tw

新視野 NewWindow258

做一個情緒自由的人：
不保持職場清醒、識趣、減少做事干擾，成為人生順利組

作　　者　盧文建、彭振桓
責任編輯　吳珮旻
封面設計　林政嘉
內頁排版　賴姵均
企　　劃　鐘惠鈞
版　　權　張莎凌

發 行 人　朱凱蕾
出　　版　英屬維京群島商高寶國際有限公司台灣分公司
　　　　　GlobalGroupHoldings,Ltd.
地　　址　台北市內湖區洲子街 88 號 3 樓
網　　址　gobooks.com.tw
電　　話　(02)27992788
電　　郵　readers@gobooks.com.tw（讀者服務部）
傳　　真　出版部 (02)27990909　行銷部 (02)27993088
郵政劃撥　19394552
戶　　名　英屬維京群島商高寶國際有限公司台灣分公司
發　　行　英屬維京群島商高寶國際有限公司台灣分公司
初版日期　2023 年 03 月

國家圖書館出版品預行編目（CIP）資料

做一個情緒自由的人：保持職場清醒、識趣、減少做事干擾，成為人生順利組 / 盧文建，彭振桓著 . -- 初版 . -- 臺北市：英屬維京群島商高寶國際有限公司臺灣分公司，2023.03
面； 公分 .--(新視野 258)

ISBN 978-986-506-666-6(平裝)

1.CST: 情緒管理 2.CST: 人際關係 3.CST: 成功法

176.52　　112001503